W0283365

DU MÊME AUTEUR

Aux Éditions Gallimard

GEL.

PERTURBATION.

LA PLÂTRIÈRE.

CORRECTIONS.

OUI.

L'IMITATEUR.

L'ORIGINE. *Simple indication.*

LA CAVE. *Un retrait.*

LE SOUFFLE. *Une décision.*

LE FROID. *Une mise en quarantaine.*

UN ENFANT.

BÉTON.

LE NEVEU DE WITTGENSTEIN. *Une amitié.*

LE NAUFRAGÉ.

AMRAS ET AUTRES RÉCITS.

DES ARBRES À ABATTRE.

JE TE SALUE VIRGILE.

MAÎTRES ANCIENS. *Comédie.*

Du monde entier

200

THOMAS BERNHARD

LE FROID

UNE MISE EN QUARANTAINE

Traduit de l'allemand
par Albert Kohn

nrf

GALLIMARD

Titre original :
DIE KÄLTE — EINE ISOLATION

© Residenz Verlag, Salzburg und Wien, 1981.
© Éditions Gallimard, 1984, pour la traduction française.

Toute maladie peut être appelée maladie de l'âme.

Novalis.

Avec ce qu'on avait appelé l'ombre sur mon poumon, une ombre était retombée sur mon existence. *Grafenhof* était un nom terrifiant, à Grafenhof régnaient d'une manière absolue et avec une complète immunité le médecin-chef, son assistant, l'assistant de celui-ci et les conditions horribles pour un jeune homme comme moi d'un sanatorium public pour tuberculeux. Cherchant du secours, je n'ai pourtant été confronté ici qu'à l'absence de tout espoir, c'est ce qu'avaient déjà montré les premiers instants, les premières heures et, d'une façon encore plus inouïe, les premiers jours. La situation des malades ne s'améliorait pas, elle s'aggravait avec le temps, la mienne aussi, ici j'avais peur d'être forcé de suivre exactement le même chemin que ceux qui avaient été hospitalisés avant moi à Grafenhof, sur les traits desquels je ne pouvais déchiffrer rien d'autre que la désolation inspirée par leur état, sur les traits desquels je ne pouvais étudier rien d'autre que la déchéance. La première fois que je m'étais rendu à la chapelle, où l'on célébrait une messe tous les jours, j'avais eu l'occasion de lire sur les murs une douzaine de faire-part de décès, des textes laconiques sur les décédés des dernières semaines qui, ainsi pensais-je, avaient encore parcouru exactement comme moi ces hauts et froids couloirs. Dans leurs robes de chambre miteuses d'après guerre, leurs pantoufles de feutre usagées, leurs chemises de nuit au col crasseux, ils passaient devant moi en file indienne, leurs feuilles de température sous le bras, leurs regards dirigés sur moi d'un air soupçonneux ; leur but avait été l'aérium, véranda de bois à moitié en ruine, adossée au bâtiment principal, ouverte en direction de l'Heukareck : la montagne de deux mille mètres qui durant quatre mois projetait sans interruption son ombre de plusieurs kilomètres sur la vallée de Schwarzach qui s'étend sous le sanatorium, dans laquelle pendant ces quatre mois le soleil ne se levait pas. Quelle abomination infâme le créateur a-t-il imaginée ici, telle avait été ma pensée, quelle forme repoussante de misère humaine ! En passant, ces êtres sans aucun doute définitivement rejetés de la société humaine, répugnants, misérables et comme blessés dans une fierté sacrée, dévissaient leurs crachoirs de verre brun et ils y crachaient ; avec une solennité perfide et un art raffiné qui n'appartenaient qu'à eux, ils allaient ici chercher partout sans pudeur le crachat dans leurs poumons entamés et l'expectoraient dans leurs crachoirs. Les couloirs étaient remplis du titillement solennel de douzaines et de douzaines de poumons rongés et du bruit des pantoufles de feutre traînant sur le linoléum abreuvé de phénol. Ici avait lieu une procession qui se terminait à l'aérium, avec une solennité comme je n'en avais constaté jusqu'à présent que dans les enterrements catholiques, tout participant à cette procession portait devant lui son propre ostensoir : le crachoir de verre brun. Quand le dernier était entré dans l'aérium et s'y était installé dans la longue rangée des lits de fer à barreaux rouillés, quand tous ces corps depuis bien longtemps contrefaits par leur maladie, avec leurs longs nez et leurs grandes oreilles, avec leurs longs bras et leurs jambes torses et leur odeur pénétrante, s'étaient enveloppés dans ces couvertures grises, élimées, sentant le moisi, qui ne chauffaient absolument plus et que pourtant je ne pouvais appeler autrement que des couvertures de laine grossière, le calme régnait. J'étais donc encore là, dans un coin d'où je pouvais tout voir avec la plus grande netteté et où l'on ne pouvait guère me découvrir, *observateur* d'une monstruosité nouvelle pour moi et même d'une chose absolument, totalement indigne de l'homme, qui n'avaient rien été d'autre que répugnantes, que laideur et brutalité exacerbées et pourtant, à cet instant, j'en faisais déjà partie ; moi aussi j'avais déjà le crachoir dans les mains, la feuille de température sous le bras, moi aussi j'étais déjà en route pour l'aérium. Effrayé, dans la longue rangée des lits à barreaux, j'allai à la recherche de mon lit, le troisième avant le dernier, entre deux hommes âgés silencieux qui des heures entières demeuraient étendus comme morts dans leurs lits ; jusqu'à ce qu'ils se redressent subitement et crachent dans leurs crachoirs. Tous les malades produisaient sans arrêt du crachat, la plupart en grande quantité, beaucoup d'entre eux n'avaient pas seulement près d'eux un mais plusieurs crachoirs comme s'ils n'avaient pas de tâche de plus grande urgence que de produire du crachat, comme s'ils s'échauffaient mutuellement pour produire une quantité toujours plus grande de crachat ; une compétition avait lieu tous les jours, semblait-il, une compétition dans laquelle, le soir, celui qui avait craché avec le plus de concentration et craché dans son crachoir la plus grande quantité avait remporté la victoire. De moi aussi, les médecins n'avaient pas attendu autre chose que je participe instantanément à cette compétition mais je m'épuisais en vain, je ne produisais pas d'expectoration, je crachais et crachais mais mon crachoir restait vide. Des jours entiers, j'avais tenté de cracher quelque chose dans le crachoir, je ne réussissais pas, ma gorge était déjà entièrement écorchée par mes tentatives désespérées de pouvoir cracher, elle ne tarda pas à être douloureuse comme sous l'effet d'un terrible refroidissement mais je ne produisais pas la plus petite quantité d'expectoration. Mais n'avais-je pas reçu l'ordre des hautes instances médicales de produire du crachat ? Le labo attendait mon crachat, tout à Grafenhof semblait attendre mon expectoration mais je n'en avais pas ; en fin de compte, j'avais la volonté de produire du crachat, rien que cette volonté, et je m'essayai dans l'art de cracher en étudiant toutes les façons de faire naître une expectoration à côté, derrière et devant moi et en les essayant moi-même mais je ne produisais rien si ce n'est des maux de gorge toujours plus grands, toute ma cage thoracique paraissait enflammée. Au vu de mon crachoir vide j'avais le sentiment accablant de *devoir renoncer* et je concentrais de plus en plus tout mon être dans une volonté absolue d'expectoration, une hystérie d'expectoration. Mes pitoyables tentatives de produire du crachat n'étaient pas restées sans être observées, au contraire j'avais l'impression que l'attention totale de tous les malades était dirigée vers ces tentatives, mes tentatives personnelles de pouvoir produire du crachat. Plus je concentrais tout mon être dans mon hystérie d'expectoration, plus s'aggravait la punition que m'infligeaient mes compagnons de maladie en m'observant ; ils me punissaient sans arrêt avec leurs regards et un art d'expectoration toujours plus grand en me montrant de tous les côtés *comment* on crache, *comment* on excite les poumons pour en tirer l'expectoration, comme s'ils jouaient déjà depuis des années sur un instrument qui, au cours du temps, était devenu leur instrument absolument personnel, leur poumon ; ils jouaient sur leurs deux poumons comme sur des instruments à corde avec une virtuosité sans pareille. Ici je n'avais aucune chance, les instruments de l'orchestre étaient, de façon humiliante, accordés entre eux, les musiciens avaient déjà poussé si loin leur maîtrise qu'il était absurde de croire pouvoir jouer avec eux, je pouvais tirailler et titiller mes deux poumons tant que je voulais, leurs regards diaboliques, leur perfidie soupçonneuse, leurs rires pleins de joie maligne me montraient sans arrêt mon dilettantisme, mon incapacité, ma prestation de misérable artiste. Les champions de cette spécialité avaient trois ou quatre flacons de substance expectorée à côté d'eux, mon crachoir était vide, sans cesse désolé et frustré dans mon attente, j'en vissais et dévissais le bouchon. Cependant *il fallait que je crache !* Tout le monde l'exigeait de moi. Finalement j'employai la force, je produisis des accès de toux intensifs d'une certaine durée, des accès de toux de plus en plus nombreux, jusqu'à ce que finalement j'aie obtenu la maîtrise dans la production d'accès de toux artificiels et je crachais. Je crachai dans le crachoir et je me précipitai avec lui au labo. C'était inutilisable. Après les trois ou quatre jours suivants j'avais torturé mon poumon de telle façon qu'effectivement j'expulsai de mon poumon en toussant de la substance d'expectoration utilisable, peu à peu je remplis mon crachoir jusqu'à la moitié. J'étais encore un amateur mais je donnais motif à fonder des espérances, le contenu de mon crachoir était accepté bien qu'on eût encore commencé à le présenter à la lumière avec méfiance. J'étais poitrinaire, j'avais donc à expectorer ! Cependant je n'étais pas *positif*, je n'avais donc pas le droit de me sentir un membre pleinement valable de cette conspiration. Le mépris m'atteignait au plus profond de moi-même. Tous étaient contagieux, donc positifs, pas moi. De nouveau, puis un jour sur deux, on me réclama du crachat, je possédais déjà la routine, mes deux poumons s'étaient déjà habitués au martyre, je produisais déjà à présent avec certitude du crachat, un demi-crachoir le matin, un demi l'après-midi, le labo était satisfait. Toutefois j'étais toujours *négatif*. Tout d'abord, me semblait-il, seuls les médecins étaient déçus, finalement, je l'étais moi-même. Quelque chose ne marchait pas. Ne devais-je pas être comme tous les autres ? *Positif ?* Cinq semaines après, cela y était, le résultat était *positif*. J'*étais* soudain membre à part entière de la communauté. Ma tuberculose pulmonaire à cavernes était confirmée. Parmi mes compagnons de maladie la satisfaction se répandit, moi aussi j'étais satisfait. De la perversité de cette situation, je n'avais absolument pas pris conscience. Le contentement se voyait sur les visages, les médecins s'étaient rassurés. Maintenant on allait prendre les mesures appropriées. Pas d'opération naturellement, un traitement par médicaments. Peut-être aussi tout de suite un pneumo ou une cautérisation. Toutes les possibilités étaient envisagées. Une thoracoplastie, mon état ne l'exigeait pas, je n'avais pas à craindre qu'on resèque toutes les côtes du côté droit de ma cage thoracique et qu'on fasse l'ablation totale du poumon. On commence par faire un pneumo, pensais-je. Si le pneumo ne suffit pas ce sera le tour de la cautérisation. Après la cautérisation viendra la thoraco. J'avais en effet déjà atteint un niveau élevé dans la pneumologie, j'étais informé. On commençait toujours par le pneumo. Jour après jour des douzaines faisaient la queue pour être gonflés. C'était une affaire de routine, comme je voyais, tout le monde ici était sans cesse rattaché à des tuyaux, on les perforait, c'était une chose quotidienne. Ils commenceraient par un traitement à la streptomycine, pensais-je. Effectivement le résultat que j'étais positif fut accueilli avec satisfaction chez mes compagnons de maladie. Ils avaient obtenu ce qu'ils voulaient : qu'il n'y ait personne à part. Bien que je n'aie reçu que les *ordres mineurs*, j'étais pourtant d'une certaine façon de même condition. Tout d'un coup, j'avais comme eux des joues creuses, un long nez, de grandes oreilles, un ventre ballonné. J'appartenais à la catégorie des amaigris et non à la catégorie des boursouflés. Les poitrinaires sont d'abord amaigris, puis ils sont boursouflés, puis de nouveau amaigris. Le cours de la maladie va de l'amaigrissement à l'amaigrissement en passant par la boursouflure. J'étais déjà très habile à porter le vêtement de l'établissement, je traînais les pieds tout à fait comme eux le long des couloirs avec mes pantoufles de feutre, bien plus : tout à coup sans honte ni égard pour personne je toussais à tous les vents, peu importe que je sois seul ou non, je me découvrais en train d'avoir tout autant de manières négligées, mal élevées et même impossibles que les autres chez qui, juste auparavant, elles m'avaient frappé, comme absolument inadmissibles et répugnantes. Puisque j'étais là, il fallait bien l'accepter, je voulais faire partie de cette communauté même s'il s'agissait de la communauté la plus affreuse et la plus horrible qu'on puisse imaginer. Avais-je autre choix ? N'était-ce pas logique que j'aie atterri ici ? Toute ma vie précédente n'avait-elle pas été construite pour aboutir à ce Grafenhof ? Moi aussi j'étais une victime de guerre. Je disparaissais de la surface, j'avais tout fait pour cette disparition. Ici on meurt et c'est tout, je m'organisai en vue de cela, je n'étais pas une exception. Ce que trois ou quatre semaines auparavant j'avais tenu pour impossible, j'avais réussi à l'obtenir : être comme eux. Mais cela également, était-ce exact ? Je refoulai cette pensée, je m'installai dans la communauté de la mort, j'avais tout perdu sauf ma présence ici. Je n'avais pas d'autre choix que de renoncer à moi-même pour le devoir qui régnait ici, de renoncer totalement pour le fait que j'étais poitrinaire, avec toutes ses conséquences, sans possibilité de retraite. J'avais un lit dans le dortoir, une armoire dans le couloir, un lit de repos dans l'aérium, une place au réfectoire. C'était tout ce que j'avais, si j'éliminais le souvenir. Avidement je regardais autour de moi pour trouver quelque compagnon de souffrance auquel j'aurais pu ouvrir mon cœur mais je n'en trouvais aucun, tout au moins pas les premières semaines. Prendre une attitude défensive, cela n'avait pas le moindre sens, contre l'évolution naturelle, il me fallait tout simplement adopter la couleur grise qui régnait ici ; pour supporter cela, il me fallait me rendre pareil.

A l'arrivée d'un nouveau, j'observais son évolution d'un œil tout aussi soupçonneux que mes prédécesseurs avaient observé la mienne, avec la pénétration froide et sans scrupule de la victime qui ne tolère pas qu'on soit privilégié. J'observais comment un être humain se transforme en une créature indigne qu'on ne connaît plus en tant qu'être humain. Maintenant, telle était ma pensée, j'avais la possibilité de contaminer des bien-portants, pouvoir dont sont dotés depuis toujours tous les poitrinaires, tous les porteurs de maladies contagieuses, le même pouvoir que jusqu'à présent j'avais eu en horreur chez ceux qui m'avaient traqué comme un gibier et poursuivi de leurs regards, de leur bassesse, de leur joie maligne. A présent, je pouvais moi-même tousser mes bacilles en supposant détruire une existence ! Ne pensais-je pas exactement comme eux ? Je haïs soudain tout ce qui était bien-portant. Ma haine se tourna d'un instant à l'autre contre tout ce qui était extérieur à Grafenhof, contre tout dans le monde, même contre ma propre famille. Mais cette haine ne tarda pas à s'éteindre car ici elle n'avait pas d'aliment, ici tout le monde était malade, séparé de la vie, exclu, concentré sur la mort, réglé sur elle. Il y a cinquante ans tout le monde eût dit sans hésiter : *voué à mourir.* Le monde extérieur s'était depuis bien longtemps éloigné, il n'était absolument plus perceptible, ce qui arrivait dans ces murs était déjà tellement décrépit qu'on ne pouvait plus le ressentir que comme un grossier mensonge, c'étaient des nouvelles parcimonieuses sans effet. Des continents entiers auraient pu exploser, ici où le crachoir était roi, cela n'eût éveillé aucune sorte d'intérêt. Tout était concentré sur la production du crachat, sur une inspiration et une expiration à la fois torturantes et artistiques, sur la crainte quotidienne de la thérapeutique, la crainte d'une opération, la crainte de la mort. Et sur les moyens de se mettre dans les bonnes grâces des médecins, avant tout du médecin-chef. Sur ce point je n'avais aucune chance, maigre apprenti commerçant que j'étais alors, le visage plein de boutons, anonyme de dix-huit ans sans le moindre renom, dénué de toute intercession, hospitalisé par la caisse d'assurance-maladie du secteur, arrivé avec un bagage qui n'avait mérité que le mépris le plus profond : une vieille valise en carton datant de la guerre, deux pantalons américains usagés, bon marché, deux chemises américaines usées par le lavage, des chaussettes raccommodées qui ne tenaient plus ensemble, aux pieds des chaussures de sport déchirées. C'était la veste bavaroise de mon grand-père qui avait été la pièce d'apparat de mon habillement, je ne dois pas oublier l'extrait pour piano de *La Flûte enchantée* et *La Création* de Haydn. Un regard suffisait pour m'affecter à la salle commune la moins considérée de toutes, la plus grande du côté nord avec ses douze lits où l'on abritait ce qu'aujourd'hui encore on qualifie de sous-privilégié : les manœuvres, les apprentis. Cependant, dans cette salle commune, logeait un docteur en droit, comme on a coutume de dire, qui passait pour être tombé bien bas.

Chacun avait une armoire dans le couloir à l'extrémité duquel il y avait deux toilettes pour environ quatre-vingts hommes et une unique salle d'eau, chacun peut s'imaginer la bousculade au petit matin : quand ces quatre-vingts se précipitaient presque en même temps aux toilettes et aux lavabos, c'était le chaos qui régnait mais l'homme s'habitue étonnamment vite à ce genre de faits quand ils se répètent quotidiennement, il a besoin de trois ou quatre jours et alors le mécanisme lui est familier, il n'a pas le choix, il se plie, il fait comme les autres, il n'attire plus l'attention. L'individualiste est repéré et tué à petit feu. Comme les porcs se pressent vers leur auge, les malades se pressaient aux arrivées d'eau dans les lavabos et les plus forts repoussaient tout simplement les plus faibles chaque matin, les robinets étaient sans cesse en possession des mêmes gens, des coups de pied, des coups dans les parties molles libéraient instantanément le chemin pour ces fanatiques des lavabos, en cas de besoin les poitrinaires développent des forces physiques inquiétantes. La crainte de la mort leur donne de la force, hausse la brutalité au rang de principe, l'exclu, le mort en sursis n'a plus rien à perdre. Le rafraîchissement qu'ils trouvaient importait plus que la toilette corporelle. Beaucoup ne pénétraient dans les lavabos qu'une fois par semaine, beaucoup encore plus rarement, avant des examens évidemment, car ils devaient s'y présenter propres mais la propreté est comme toutes les autres notions une notion relative. L'odeur des chambres et de tout le sanatorium n'avait rien qui convienne à un être délicat, elle était en accord avec la grisaille qui régnait ici. D'autant plus frappantes étaient les attitudes que prenaient les blouses médicales blanches comme neige quand elles faisaient leur entrée. La visite avait lieu à neuf heures, le triumvirat des médecins apparaissait à l'entrée de l'aérium, les têtes des malades qui juste auparavant étaient encore redressées retombaient automatiquement, la haie des allongés était immobile. Les mains sur les hanches, allant de lit en lit le médecin-chef décidait des thérapeutiques, prescrivait les médicaments. Souvent il se penchait et tapotait sur la poitrine d'un malade, un coup d'œil sur une feuille de température déclenchait très souvent chez lui un éclat de rire qui remplissait la vallée. Avec messieurs ses collègues il ne s'entretenait que dans un murmure. Ayant largement dépassé la soixantaine, trapu, bedonnant, il avait un comportement d'une sévérité militaire et considérait les malades comme des simples soldats dont il pouvait user et abuser à son gré. Déjà pendant la guerre, il avait été médecin-chef ici et bien que national-socialiste on ne l'avait pas envoyé à tous les diables, vraisemblablement parce que personne n'était là pour le remplacer. De cet homme je ne devais rien attendre, avais-je pensé dès le premier instant, et ma première impression s'était confirmée de plus en plus. Pour des années j'étais finalement livré au bon plaisir de cet homme stupide, vil au sens le plus vrai du terme. Ses assistants lui obéissaient sans condition, il n'aurait pas pu souhaiter de meilleurs sbires. Le médecin-assistant et le médecin en second n'étaient rien que les exécutants d'un homme perfide qui considérait le sanatorium commme un établissement pénitentiaire et le dirigeait aussi comme un établissement pénitentiaire. Je n'avais pas confiance en cet être-là bien que naturellement dans mes premières semaines ici je n'aie pas encore été en état de juger ses connaissances médicales, à plus forte raison de les estimer à leur juste valeur. Toutefois ce qu'il fallait penser du caractère et de l'art médical du médecin-chef ne devait apparaître que trop tôt mais cela s'expliquera de soi-même au cours de cette relation. Dès le début j'avais tenté d'entrer en conversation avec le médecin-chef mais toutes ces tentatives effectivement désespérées de ma part avaient été étouffées dans l'œuf par le médecin-directeur, il exigeait seulement que je crache et il était irrité parce que, durant des semaines, il n'était pas possible d'obtenir de moi du crachat. C'était une nature malheureuse qui avait manqué sa carrière, en outre il avait été transplanté dans une région froide, désolée, qui rendait insensible, région où il devait nécessairement dépérir et naturellement finir par être détruit. Ces médecins-là aussi me paraissaient *inquiétants* comme ceux dont j'avais fait déjà la connaissance avant eux, je me défiais d'eux au plus profond de moi-même et, comme je le crois, à juste titre. Tout ce qui était en eux je l'observais avec la plus grande pénétration possible, avec une attention absolue, ainsi ils ne m'échappaient pas, pour eux il n'y avait pas d'évasion. Dès le début j'avais aperçu clairement qu'ici j'avais affaire à des exemplaires peu raffinés de leur corporation mais il me fallait attendre la suite. À mon triumvirat il manquait à peu près tout ce que l'on peut réclamer des médecins, non seulement je ne devais rien attendre d'eux mais il me fallait, telle était ma pensée, être continuellement sur mes gardes devant eux, j'ignorais naturellement combien ils en avaient déjà sur la conscience, je me prescrivais d'être vigilant, d'avoir le maximum d'attention, le maximum de réserve. Si jeune que j'étais encore, j'avais reçu une solide formation de sceptique qui s'attend à tout et toujours au pire. Cette vertu, encore aujourd'hui je l'estime ma vertu suprême. Le malade devait avoir entièrement recours à lui-même, cela je le savais, de l'extérieur il n'avait presque rien à attendre, il fallait qu'il soit avant tout entraîné à repousser, à empêcher, à faire échec. Mon grand-père, mon philosophe privé, avait établi en moi les bases de cette attitude. Je me défiai et je recouvrai la santé, puis-je dire. Mais pour en arriver là, la route était longue. Il faut que le malade prenne lui-même son affection en main et avant tout dans sa tête, *contre les médecins*, cette expérience, je l'ai faite. Cela, je ne le *savais* pas encore mais j'agissais dans ce sens. J'avais confiance en moi et en rien d'autre, plus ma défiance envers les médecins était grande, plus grande était ma confiance en moi-même. Il faudra en passer par là, si je veux vaincre une maladie grave, c'est-à-dire une maladie mortelle, sortir de cette maladie grave et mortelle. Mais le voulais-je donc durant des semaines ? Ne m'étais-je pas rallié à cette conspiration pour la mort, à Grafenhof, ne m'étais-je pas laissé complètement tomber au fin fond de son abîme ? Ce n'est pas une extravagance de prétendre que durant des semaines j'ai été épris de ce sentiment d'absence de tout espoir qui était le mien et il se peut même que je m'en sois engoué d'un véritable amour. Non seulement j'acceptais cet état, comme les centaines de millions d'autres dans le monde, en conformité avec cette époque, je m'étais accroché logiquement, à cent pour cent, au sentiment qu'il n'y avait aucun espoir, à l'absence d'espoir qui marquait l'après-guerre, à l'horreur de l'après-guerre. Ici où régnaient les conditions de la dissolution, où il était préalablement stipulé que la fin tangible approchait, je me sentais pareil à des centaines de milliers, à des millions, j'y étais tout à fait logiquement préparé et, comme je devais à présent l'apercevoir, je me sentais *à l'abri*. Comment donc, moi précisément, à la différence des millions d'autres qui ont péri dans la guerre, après la guerre et en conséquence de la guerre, aurais-je dû avoir un droit à m'en tirer, j'avais, oui, j'avais cru m'en être tiré grâce à ce qu'on appelle des circonstances heureuses, à présent elle m'avait quand même saisi dans mon coin, dans notre coin, rattrapé, déniché et incorporé à elle, la fin de la vie. J'acceptais ce fait et agissais en conséquence. Tout à coup, je ne me défendais plus contre cela, je ne pensais plus à tricher avec le nouveau malheur. Obéissant à une logique d'une clarté stupéfiante je m'étais plié, j'avais fait abandon de moi-même, je m'étais soumis. Ici où les hommes devaient logiquement mourir à petit feu après les expériences épouvantables de la guerre décidées précisément pour eux, devaient faire abandon d'eux-mêmes, devaient cesser, comme je devais nécessairement penser, j'avais ma place non en révolté, non en protestataire, j'avais ma place *dans la société qui s'éteint, dans la société qui s'en va.* Je m'enfonçais dans cette pensée, qui tout à fait subitement n'était nullement absurde pour moi et j'en arrivai à la conclusion : c'est *ici* que je veux être ! Où donc *ailleurs* ? Et je suivais la chronologie de la mort lente et de l'Enfer. J'avais accepté la misère humaine et je ne voulais plus souffrir qu'on me la prenne, que rien, que personne ne me la prenne. Je m'étais défait de ma répulsion et de ma haine contre Grafenhof et les circonstances qui régnaient à Grafenhof, ma haine contre la maladie et la mort, contre la soi-disant injustice. Ce n'était pas le *monde d'ici* que je haïssais, à présent je haïssais le *monde de là-bas, d'en face, d'en dehors, tout ce qui était autre !* Mais cette haine devait bientôt s'épuiser car elle n'était pas rentable. La *haine absurde* était devenue tout à coup impossible. Il y avait trop peu d'ambiguïté, trop de justice dans ce qui allait bientôt m'arriver selon les lois que la société s'était créées elle-même en entente avec la nature. Pourquoi moi précisément, le plus déraisonnable, le plus superflu, le plus dépourvu de valeur de l'histoire devais-je croire ou pouvoir prendre ne fût-ce qu'un instant pour croire que j'étais l'exception à la règle, que je m'en tirerai là où des millions ne s'en étaient tout simplement pas tirés ? À présent, telle était ma pensée, il me fallait suivre le chemin direct qui passe par l'Enfer et la mort. Je m'en étais accommodé. Très longtemps je m'étais révolté contre cela, à présent je ne me révoltais plus, je me soumettais. Que m'était-il arrivé ? J'étais tombé sous l'empire d'une logique qu'il me fallait considérer comme la bonne et la seule pour moi et qui à présent devait exister. Mais cette logique, je l'avais immédiatement de nouveau échangée contre celle qui lui était opposée, tout d'un coup je recommençai à tout considérer inversé à cent pour cent. Mon point de vue fut tout à coup transformé *en tout.* Je me révoltai plus violemment que jamais contre Grafenhof et ses lois, contre l'inéluctable. J'avais de nouveau changé mon point de vue de la façon la plus radicale, à présent je recommençais *à vivre* à cent pour cent, à présent je *voulais* recommencer à vivre à cent pour cent, posséder mon existence quoi qu'il en coutât. Je ne comprenais plus celui que j'avais été douze heures auparavant, qui venait juste d'avoir pensé le contraire de ce qui avait été *à présent* mon opinion et mon point de vue. Comment avais-je pu aller jusqu'à renoncer à moi-même ? Jusqu'à me plier ? Jusqu'à simplement me remettre au bon plaisir de la mort ? J'avais encore une fois tiré des conclusions entièrement fausses. Mais, ainsi pensais-je, j'ai agi complètement dans mon *propre* sens, ainsi était mon être, ainsi est-il et ainsi sera-t-il, avais-je pensé. Tout à coup, ce que je regardais, considérais, observais d'une façon plus pénétrante que jamais autour de moi avait repris ses traits affreux, répugnants. Chez ces êtres-ci je n'avais pas ma place, je n'étais tout simplement pas comme eux, les conditions d'ici n'étaient pas les miennes et elles ne devaient tout simplement pas être les miennes. Soudain tout ce que j'avais pensé ces derniers jours et entrepris sous l'effet de ces pensées était ridicule, absurde, était une erreur. Comment pouvais-je croire avoir ma place là où la pourriture et l'absence d'espoir absolu étranglaient l'âme, éteignaient le cerveau ? Vraisemblablement il m'avait été plus facile de me laisser tout simplement tomber que de me révolter, d'être en opposition, la vérité est aussi simple que cela. Nous cédons souvent, nous abandonnons souvent la partie pour notre confort. Mais au prix de la vie, de l'existence *totale*, dont je ne pouvais évidemment pas savoir combien au fond elle était précieuse et le sera peut-être encore une fois, même si je savais que s'enfoncer dans des spéculations à ce sujet est absurde parce qu'au bout de ces spéculations l'absurdité triomphe, l'absence absolue de valeur, abstraction faite de cela. La chose isolée n'est rien mais le tout est tout. J'avais choisi le confort, la bassesse de m'adapter et d'abandonner la partie au lieu de résister de toutes mes forces, d'engager un combat, peu importe quelle en sera l'issue. Par goût du confort et par lâcheté j'avais pris exemple sur ces millions qui étaient entrés dans la mort pour quelque raison que ce fût et je n'avais pas craint d'utiliser abusivement de la façon la plus effrontée même les victimes de la dernière guerre en faveur de ma spéculation qui m'apportait un confort, pas craint de m'imaginer que ma fin, ma mort, mon dépérissement, étaient comparables aux leurs, j'avais utilisé abusivement la mort de millions d'hommes parce que je désirais me joindre à cette mort qui était la leur. J'aurais pu encore pousser cette pensée au fond et aller avec elle jusqu'à la limite extrême de sa déraison, donc de la mienne, et de son mauvais goût mais je m'en gardais bien. Mes idées avaient été seulement pathétiques, ma souffrance avait été seulement théâtrale. Cependant je n'avais alors pas de honte, je n'avais pas le temps d'en avoir, ce que je désirais, c'était une tête claire sans sentiment, cela exigeait toute ma force. La vérité est que le même jour, je fus appelé au labo pour être informé que les expectorations de trois ou quatre jours où s'étaient trouvés les tubercules n'avaient absolument pas été mes expectorations, il y avait eu une confusion, il s'était *glissé* un fait comme il n'en était encore jamais arrivé dans ce labo. Mes expectorations continuaient à être exemptes de tubercules comme auparavant. Effectivement, après cette communication, mes expectorations furent examinées plusieurs fois à la suite, chaque jour avec un résultat négatif. Je n'étais donc pas positif. Je me comportai alors comme si c'était moi qui avais provoqué cette circonstance. Je ne fis pas beaucoup de bruit à propos de ce fait, soupçonneux comme j'étais, ce fut moi qui insistai alors pour que le labo analyse mes expectorations plusieurs fois à la suite, le résultat resta le même. Il y avait *bien* eu une erreur du labo. À présent je réunissais les conditions pour engager mon combat : abstraction faite de ce que je n'étais pas positif, toujours est-il que j'avais toujours mon ombre sur le poumon ; on la combattit par des piqûres de streptomycine, malheureusement à une dose beaucoup trop faible à cause du coût élevé, comme je l'ai dit. Chaque malade ne recevait qu'une faible quantité de cette chose précieuse, quantité qui, comme je l'ai appris plus tard, n'avait eu aucun sens ni utilité. Seul recevait des injections de streptomycine à plus fortes doses celui qui pouvait la faire venir lui-même de Suisse ou d'Amérique ou qui jouissait d'une protection convenable auprès des médecins, en première ligne naturellement auprès du directeur le tout-puissant médecin-chef. Après avoir su qu'on me donnait trop peu de streptomycine, une quantité ridicule, donc autant dire rien, j'avais risqué une tentative en direction du triumvirat mais je fus immédiatement éconduit, mon exigence fut qualifiée d'inouïe par le triumvirat, mon désir d'avoir plus de streptomycine fut classé par eux au rang d'une effronterie, je ne savais rien, ils savaient tout alors que moi-même, parce qu'il s'était effectivement agi de mon existence, je n'étais déjà plus un des plus ignorants dans ce domaine de la thérapeutique des maladies pulmonaires et que je savais précisément que mon traitement exigeait une dose plus importante de streptomycine. Cependant on ne me l'administrait pas parce que j'étais socialement un zéro. À d'autres on l'administrait : ils avaient la réputation, les interventions en leur faveur, une profession qui impressionnait davantage. La streptomycine n'était pas dispensée selon la nécessité mais selon les points de vue les plus mesquins qu'on puisse imaginer. Je n'étais pas le seul à être désavantagé. Il y avait la moitié des favorisés et il y avait l'autre moitié des défavorisés. Je faisais absolument partie de la seconde moitié. Je n'avais naturellement pas l'intention de monter dans la première à *certaines* conditions, en ayant recours à des moyens *appropriés*, pour cela je manquais de basse astuce et même aussi de bassesse proprement dite, je n'avais pas la volonté de le faire. Cependant même sans ces bas moyens pour arriver à mes fins je me proposais de m'ouvrir de haute lutte une issue hors de cet enfer, de cette dépendance de l'Enfer, comme il me fallait voir à présent le sanatorium et son contenu. Les médecins et leurs faiblesses de caractère, même leurs bassesses et petitesses dont j'avais fait l'expérience entre-temps tout comme les faiblesses de caractère, les bassesses et petitesses des malades m'avaient appris à avoir l'oreille aux aguets, mon jugement en avait tiré profit, l'observation des religieuses infirmières, les sœurs de la Sainte Croix, m'a également formé. Je commençai à moins m'occuper de moi-même que de mon entourage le plus proche et assez proche, à le scruter à fond ; après qu'effectivement, à présent je ne fus plus positif et que je ne fus donc plus livré immédiatement au bon plaisir de la mort, je pouvais me permettre une semblable étude. Que sont réellement les êtres humains ici, dans quels murs et dans quelles conditions existent-ils et comment tous ces éléments se comportent-ils les uns par rapport aux autres ? Voilà ce que je me demandai et je me mis au travail. Ce n'était pas ma première confrontation avec une communauté humaine d'une certaine importance, je connaissais la masse de l'internat et des hôpitaux où j'avais déjà été, je connaissais leur odeur, leur bruit, leurs intentions et leurs buts. La nouveauté était qu'il s'agissait effectivement ici d'individus rejetés, éliminés, dépossédés, placés sous tutelle. Ici aucune phrase creuse n'enflammait les esprits, les slogans qui remuent le monde manquaient leur but. Des centaines avaient passé ici leurs affreuses robes de chambre pour les échanger à un moment quelconque qui ne pouvait plus être loin contre les linceuls d'une maison roublarde de fournitures mortuaires en bas à Schwarzach. Non, je n'en faisais plus partie, l'erreur était éclaircie, j'avais encore une fois pris mon poste d'observation. Ceux qu'ici on transportait au-dehors et qu'on évacuait dans le corbillard appartenaient à une autre couche humaine, ils n'avaient rien de commun avec moi. C'était *eux* qui étaient ceux que la maladie avait frappés, pas moi, c'était *eux* qui *étaient voués à la mort*, pas moi. Tout à coup je crus avoir le droit de prendre mes distances. Je jouais ici un rôle impossible à percer à jour, aussi discrètement qu'il était humainement possible, mais je ne finissais pas comme eux dans cette pièce. La plupart avaient été déposés ici par les remous de la guerre comme sur un rocher d'infortune, ils étaient là, jetés sur la falaise par la brutalité des événements, ils vivaient difficilement leurs dernières semaines, leurs derniers mois. D'où étaient-ils ? Quelles conditions les avaient-ils amenés ? Il fallait du temps pour découvrir leur origine : des quartiers de Vienne tombés en ruine, des rues froides et humides de la ville qu'on a coutume d'appeler la ville de Mozart, où les maladies pouvaient très vite évoluer en maladies mortelles, des trous de province où s'ils ne prenaient pas garde à tous les instants, les moins fortunés pourrissaient avant même d'avoir atteint l'âge adulte. Après la fin de la guerre, l'affection pulmonaire connaissait une nouvelle éclosion exceptionnelle. Des années de famine, des années de désespoir avaient inéluctablement jeté tous ces gens dans l'affection pulmonaire, les avaient expédiés dans les hôpitaux, finalement à Grafenhof. Ils étaient arrivés provenant de toutes les couches sociales, de toutes les professions, des hommes aussi bien que des femmes. Une fois classés comme poitrinaires ils étaient déjà évacués ici. Le sanatorium en tant que détention assortie d'isolement. Le monde prétendu bien portant avait une peur panique du mot : *affection pulmonaire*, de la notion de *tuberculose*, à plus forte raison de la notion de *tuberculose pulmonaire à cavernes*, elle l'a encore aujourd'hui. Il n'y avait rien qui lui inspirât une plus forte crainte. *Ce* que cela voulait effectivement dire :

être poitrinaire, être positif, je ne l'appris que plus tard sur mon propre corps. Que je l'aie cru ou non, c'était dans tous les cas monstrueux, indigne d'un être humain. Déjà avant que je fusse arrivé à Grafenhof, à partir de l'instant où je savais qu'il me fallait aller à Grafenhof, je ne me risquais pas à communiquer ce fait, à le communiquer à quelqu'un, si j'avais dit que j'allais à Grafenhof, dès l'extérieur, donc à Salzbourg, mon sort eût été réglé. Mes gens savaient-ils *ce* que Grafenhof signifiait réellement ? Je l'ignore, ils ne s'étaient pas posé cette question, ils n'en avaient pas le temps, leur attention était dirigée sur la maladie de ma mère, maladie qui avait déjà été reconnue mortelle. Sans que j'aie pu me l'expliquer moi-même pleinement et entièrement, le nom de Grafenhof m'était connu dès ma toute première enfance comme un nom terrifiant. Il était pire d'aller à Grafenhof que d'aller à Stein, à Suben ou à Garsten, les célèbres établissements pénitentiaires. Avec un poitrinaire on n'avait pas de relations, on évitait de le rencontrer. Une fois attaquée par l'affection pulmonaire, la victime faisait bien de garder le silence sur ce fait. Les familles aussi isolaient leurs poitrinaires ; les mettaient même en quarantaine, la mienne ne faisait pas exception. Mais dans mon cas il ne leur était pas possible de se concentrer effectivement *tout à fait* sur mon affection pulmonaire car à cette époque-là le cancer de la matrice de ma mère qui était déjà entré dans son stade le plus dangereux, le plus douloureux et le plus abominable les occupait naturellement davantage. Ma mère était couchée depuis des mois avec des douleurs qui ne pouvaient plus être calmées et même plus adoucies par des piqûres de morphine administrées toutes les heures et à des intervalles encore plus brefs. Je lui avais dit que j'allais à Grafenhof mais elle n'avait certainement pas eu conscience de ce que cela signifiait. Elle savait déjà quand je lui fis mes adieux qu'elle mourrait dans un bref délai, serait-ce dans six mois ou dans une année entière, il n'était pas possible de le dire avec certitude, elle avait un cœur robuste même au moment où elle était déjà totalement amaigrie et n'avait plus que la peau sur les os. Son entendement n'avait pas été obscurci par cette maladie, la plus terrible de toutes, il ne le fut pas jusqu'à sa fin, qui se fit attendre encore un certain temps bien que nous tous nous désirions avec la plus grande impatience qu'elle arrive parce que nous ne pouvions plus voir le spectacle de l'état de ma mère et que tout simplement nous ne pouvions plus le supporter. En faisant mes adieux à ma mère pour aller à Grafenhof, dans cette nouvelle incertitude, je lui avais lu quelques-uns de mes poèmes. Elle avait pleuré, tous les deux nous avions pleuré. Je l'avais serrée dans mes bras, j'avais fait ma valise et j'avais disparu. La reverrai-je jamais ? Elle *avait été forcée* d'écouter mes poèmes, je l'avais soumise à un chantage, j'avais la certitude que mes poèmes étaient bons, les produits d'un désespéré de dix-huit ans qui ne semblait plus rien avoir en dehors de ces poèmes. Dès cette époque je m'étais réfugié dans l'écriture, j'écrivais et écrivais, je ne sais plus, des centaines et des centaines de poèmes, je n'existais que lorsque j'écrivais, mon grand-père, le poète était mort, maintenant *moi*, j'avais le droit d'écrire, maintenant *moi*, j'avais la possibilité d'écrire moi-même des poèmes, maintenant je me risquais, maintenant, pour arriver à mes fins, j'avais ce moyen dans lequel je me précipitais de toutes mes forces, j'utilisais abusivement le monde entier en le transformant en poèmes ; même si ces poèmes étaient sans valeur, ils signifiaient tout pour moi, rien au monde ne signifiait pour moi davantage, je n'avais plus rien, je n'avais que la possibilité d'écrire des poèmes. Ainsi la chose la plus naturelle était qu'avant que je fisse mes adieux à ma mère, que nous avions laissée chez nous parce que nous savions ce que voulait dire : la livrer au bon plaisir de l'hôpital, je lui ai lu des poèmes sortis de ma tête. Nous n'eûmes pas la force de dire quelque chose, nous nous contentâmes de pleurer en pressant nos tempes l'une contre l'autre. Mon voyage à Grafenhof par la sombre vallée de la Salzach fut le plus déprimant de ma vie. Dans mes bagages j'avais aussi une liasse de papier, mes derniers poèmes. Bientôt, avais-je pensé, je n'aurai plus rien au monde qui signifie quelque chose pour moi, à quoi je puisse m'accrocher. La tuberculose ! Grafenhof ! Et ma mère dans un état désespéré, abandonnée des médecins. Son mari, mon tuteur, et ma grand-mère étaient mis de nouveau à l'épreuve, si peu de temps après la mort de mon grand-père. Ce fut alors que je partis par le train du matin en direction de ce mot terrifiant : *Grafenhof*. Demander des renseignements sur Grafenhof, je n'avais osé le faire qu'en baissant la voix. À deux cents mètres du sanatorium, il y avait partout des écriteaux apposés avec l'inscription : *Halte* ! *Établissement médical* ! *Chemin interdit* ! Aucun bien-portant ne transgressait volontairement cet avertissement. Vu du sanatorium le texte était : *Halte ! Défense de traverser !* J'entrais dans un désespoir en ayant laissé un désespoir derrière moi. Là d'où j'étais arrivé, la mort régnait déjà avec la plus grande détermination, là où j'étais arrivé, il en était de même. Aujourd'hui cet état d'alors ne peut absolument plus être suggéré que difficilement et seulement en luttant contre les plus grandes résistances. Il n'est plus possible de rendre mon état d'esprit, mon état affectif ne se laisse plus reconnaître, je me garde d'ailleurs d'aller plus loin qu'il n'est absolument nécessaire parce que le côté pénible d'un franchissement de frontière en direction de la vérité ou, d'une façon générale, d'une vérité qui s'y rapporte est insupportable à moi-même. Bien que je fusse entré dans l'Enfer en étant entré à Grafenhof, j'avais eu d'abord le sentiment que je m'étais enfui de l'Enfer ; échappé de l'Enfer, je le suis, l'effroi, la vie insupportable, je les ai laissés derrière moi, le calme m'entourait tout à coup, l'ordre. À un chaos inhumain, bien que voulu par Dieu, j'avais faussé compagnie, ainsi pensais-je, et j'avais même mauvaise conscience car n'avais-je pas laissé les miens avec ma mère malade à la mort, avec toute la misère, avec toutes les choses affreuses ? J'avais un sentiment de honte en me voyant entré ici, dans le domaine de *l'assistance ordonnée. Sorti du chaos* d'une famille désarmée déjà presque complètement détruite, j'étais *pris en charge*. Ici, tout à coup on me donnait des repas à des heures exactement fixées, somme toute on me laissait tranquille et pour une fois je pouvais effectivement dormir tout mon soûl, ce qui ne m'avait plus été possible à la maison depuis des semaines, aucun de nous n'avait plus pu dormir, tout était concentré sur notre mère, malade à la mort, dont il nous fallait nous occuper continuellement selon les prescriptions médicales. Le mari de ma mère, mon tuteur, et ma grand-mère s'étaient sacrifiés au sens le plus vrai du terme, avec une totale abnégation ils avaient assuré tout ce qui autrement ne peut être accompli que dans une clinique, par exemple, pendant des mois, finalement pendant beaucoup plus d'un an, administrer des médicaments par piqûres toutes les heures, jour et nuit, et tout le reste que peut savoir, comprendre et apprécier celui qui l'a accompli ou l'a effectivement vu immédiatement, de ses propres yeux. Avec quelle légèreté ceux qui ne sont jamais entrés dans une telle situation jouent-ils avec leurs jugements : ils ignorent tout de ce qu'est *souffrir* ! Il n'y avait assurément pas encore longtemps que j'avais perdu l'être qui m'était le plus cher, mon grand-père, six mois plus tard j'avais déjà la certitude de perdre l'être qui après lui m'était le plus proche : ma mère. C'était avec la conscience de ces choses que j'avais commencé mon voyage à Grafenhof, avec la valise en carton dans laquelle, dans les années de guerre, ma mère et moi, nous avions porté à la maison tous les deux des pommes de terre venant des paysans. Tu pars *pour te rétablir*, m'avait dit ma mère, *rétablis-toi bien !* Sans cesse j'ai ces mots dans l'oreille, je les entends aujourd'hui comme alors, si bien intentionnés et si destructeurs. Nous tous, à la fin de la guerre, nous avions pensé nous être tirés d'affaire et nous nous sentions en sécurité. Le fait que nous avions survécu en quarante-cinq nous avait secrètement rendus heureux ; abstraction faite des expériences terribles, qui n'avaient pas été en proportion d'autres expériences terribles, des expériences encore plus grandes, extrêmement grandes, nous avions traversé beaucoup d'épreuves mais sans avoir subi le comble de la détresse, il nous avait fallu endurer bien des choses mais sans pourtant endurer ce qui était effectivement impossible à supporter, nous avions dû beaucoup encaisser mais sans pourtant encaisser les coups les plus terribles, et voilà qu'à présent, quelques années après la guerre, nous ne nous étions pas tirés d'affaire et à présent le mauvais sort nous portait des coups, il nous avait rattrapés comme si, tout à coup, entièrement à l'improviste, il nous avait demandé des comptes. Nous non plus, nous n'avions pas le droit de survivre ! J'étais sorti de la chambre de ma mère, où sa mort allait s'accomplir, et parti pour Grafenhof, pour emménager dans une maison des morts, dans un bâtiment où, aussi longtemps qu'il subsistera, la mort s'était installée, ici il n'y avait que des salles où la mort allait s'accomplir, ici il y avait beaucoup de malades condamnés, s'ils ne l'étaient pas absolument tous, et sans cesse des morts mais ces malades condamnés et ces morts ne me touchaient naturellement pas d'aussi près que ma mère. Ces salles où la mort s'accomplissait je les contemplais, je les observais mais elles ne me bouleversaient pas, elles n'avaient pas le pouvoir de m'anéantir, aussi peu que les morts que j'ai eu l'occasion de voir ici. Au premier moment, Grafenhof ne fut pas pour moi un choc, plutôt quelque chose de rassurant. Mais en ressentant une impression rassurante, je me leurrais moi-même. Je me permis de reprendre haleine un jour ou deux. Puis je m'avouai mes erreurs à moi-même. La vie n'est rien que l'exécution d'une peine, me dis-je en moi-même, il faut que tu supportes l'exécution de cette peine. À perpétuité. La vie est un établissement pénitentiaire avec très peu de liberté de mouvement. Les espérances se révèlent un faux raisonnement. Si tu es libéré, au même instant, tu entres de nouveau dans le même établissement pénitentiaire. Tu es un détenu et rien d'autre. Si l'on te met dans la tête que ce n'est pas vrai, écoute et tais-toi. Considère qu'à ta naissance tu as été condamné à la détention criminelle à perpétuité et que la faute en revient à tes parents. Mais ne leur fais pas de reproches faciles. Que tu le veuilles ou non, tu as à suivre à la lettre les règlements qui règnent dans cet établissement pénitentiaire. Si tu ne les suis pas, ta détention criminelle sera aggravée. Partage ta détention criminelle avec tes codétenus mais ne te ligue jamais avec les surveillants. Ces préceptes se développèrent alors en moi tout à fait spontanément, sans grande différence avec une prière. Jusqu'aujourd'hui ils me sont familiers, maintes fois je me les récite, ils n'ont pas perdu de leur valeur. Ils renferment la vérité de toutes les vérités, si maladroitement qu'ils puissent être rédigés. Ils s'appliquent à chacun. Pourtant ce n'est pas toujours que nous sommes prêts à les accepter. Souvent ils tombent dans l'oubli, fréquemment pour des années. Mais après, ils sont de nouveau là et ils éclairent. Au fond j'étais préparé à Grafenhof. J'avais l'hôpital de Salzbourg, j'avais Grossgmain derrière moi. J'avais déjà derrière moi l'école primaire des maladies et du trépas, et même l'école du premier cycle. Je possédais l'a.b.c. de la maladie et du trépas. À présent je fréquentais déjà la classe où était enseignée la mathématique supérieure de la maladie et de la mort. Cette science, j'en conviens, m'avait toujours attiré, à présent je découvrais que je l'étudiais avec une passion obsédante. Depuis très longtemps, j'avais tout subordonné uniquement à cette science, c'était entièrement de moi-même que j'en étais arrivé à cette science, les circonstances avaient nécessairement dû m'amener à nulle autre science qu'à celle-ci, qui renferme tout le reste des sciences. J'avais été absorbé par cette science, c'est pourquoi, de victime sans défense je m'étais fait de moi-même le plus naturellement du monde observateur de cette victime et en même temps observateur de toutes les autres. Cette distance que je prenais était tout simplement d'une nécessité vitale, c'était seulement ainsi que j'avais la possibilité de sauver mon existence. Je contrôlais mon désespoir et celui des autres sans pouvoir effectivement le gouverner, à plus forte raison le supprimer. Ici régnaient les règlements les plus stricts, comme je les connaissais déjà des autres établissements ; celui qui ne s'en tenait pas à ces règlements était puni : de renvoi immédiat en mettant les choses au pire, ce qui effectivement n'était pas dans l'intérêt d'un seul malade. Il y avait sans cesse de ces renvois sans délai, étaient-ils effectivement justifiés ou non, je ne saurais le dire, mais dans la plupart des cas ces malades renvoyés périssaient dans le temps le plus bref parce que, échappés à tout contrôle, n'étant pas familiarisés avec le caractère dangereux et, presque avec certitude, mortel, de leur maladie ils devaient nécessairement périr dans le monde brutal, inconscient de leur état qu'on a coutume d'appeler le monde des gens bien-portants. Renvoyés de l'établissement, ils s'abandonnaient naturellement sur-le-champ à leur appétit effectivement insatiable de vivre et d'exister et ils y sombraient, sombraient dans l'incompréhension, l'inconscience et le manque de ménagements de la société des bien-portants. J'ai connaissance de nombreux exemples du fait que des malades sortis du sanatorium, non pas des malades guéris, mais ceux qu'on appelle des malades renvoyés sans délai ou sortis à leurs risques et périls, n'ont pas longtemps survécu. Mais ce n'est pas là la question. On se levait à six heures, à sept heures c'était le petit déjeuner, à huit heures tous étaient déjà allongés dans l'aérium où à neuf heures apparaissait la visite, pendant des années avec le même cérémonial et avec les mêmes personnages, non seulement en ce qui concernait les médecins, les malades aussi étaient souvent les mêmes durant des années parce que la plupart devaient rester des années à Grafenhof, non des semaines ou des mois comme ils avaient peut-être cru dans leur ignorance, lors de leur hospitalisation ; être hospitalisé à Grafenhof pour des semaines ou des mois voulait dire dans la plupart des cas être pour des années à Grafenhof, dans un isolement, un état d'arrestation, une mise sous surveillance qui durait des années, comme toujours. Comme il était bon que le nouvel arrivant ignorât combien de temps il lui fallait être ici, autrement il n'aurait pas marché ! Très peu pouvaient quitter Grafenhof après trois mois et de ce très petit nombre, un très petit nombre pour toujours, bientôt ils étaient de nouveau au sanatorium, la seconde fois pour un temps généreusement calculé, pour des années. Même avec une ombre ridicule, comme celle que j'avais, il fallait rester au moins trois mois à Grafenhof, c'est ce qu'apprenait dès son admission la victime trompée par le service de la santé publique. Trois mois étaient la plus petite limite, elle était prolongée à six mois, à neuf mois et ainsi de suite, il y avait des malades qui étaient à Grafenhof depuis trois ans et davantage, ceux qu'on avait coutume d'appeler les vieux résidents, qu'on pouvait aussitôt reconnaître à leurs façons : leur manque de ménagements et leur impassibilité vis-à-vis des autres, leur comportement vis-à-vis des médecins ; on ne pouvait rien leur faire accroire et toujours, là où ils surgissaient, ils dissipaient tous les doutes quant à l'étendue de leurs connaissances, ils conservaient toujours leur supériorité, ils étaient plus malades et encore plus dénués de tout espoir que les autres mais supérieurs à eux. Extérieurement et intérieurement ils étaient repoussants et tout aussi redoutés des médecins que des autres malades, avec le temps ils s'étaient acquis des droits que les autres ne pouvaient pas avoir, que personne ne pouvait leur contester, même pas les médecins, même pas les infirmières, personne. C'était eux qui étaient les plus proches de la mort, cela leur donnait des avantages. Ils étaient les véritables dominateurs et les tourmenteurs de leurs compagnons de maladie. Celui qui entrait ici comme novice n'avait pas la vie facile, il était tout au bas de l'échelle et il lui fallait ouvrir l'œil pour chercher comment s'élever à la force du poignet ; sortir de l'état absolu de sous-privilégié pour arriver dans les hauteurs était un processus pénible, il ne durait pas seulement des mois, il durait des années. Mais la plupart ne disposaient absolument pas d'un pareil délai, ils mouraient auparavant. Ils entraient, se montraient un certain temps, faisaient avec les autres tout ce qui était prescrit puis disparaissaient, d'abord dans des salles plus petites, puis dans une ambulance qui les conduisait à Schwarzach, l'hôpital ordinaire et général de cette localité, où ils mouraient dans un bref délai car, au fond, à Grafenhof on était malheureux quand il y avait des décès parmi les malades et, si un décès était imminent, on se débarrassait de la victime, on la soustrayait aux regards, on la conduisait à Schwarzach et l'on se contentait de l'avis de décès arrivant de l'hôpital. Toutefois ces décès n'étaient pas toujours prévisibles, alors le corbillard stationné dans la cour faisait sa tournée, observé de tous côtés d'un œil soupçonneux, j'ai encore dans l'oreille le claquement des portes de derrière de ce corbillard, maintes fois je l'entends même au milieu de la journée, tout à fait à l'improviste, même encore aujourd'hui. La visite terminée, on se remettait à cracher avec encore plus de zèle, les malades conversaient bien qu'il fût interdit de la façon la plus rigoureuse de parler entre soi dans les heures de repos allongé, on échangeait des renseignements médicaux, on donnait sur eux son avis, on soumettait ou non les médecins à la critique. La plupart du temps la léthargie était trop grande pour permettre des mouvements, inertes et indolents ils étaient tous allongés là, sous leurs couvertures, et regardaient dans le vague. Leurs regards étaient toujours dirigés sur la montagne, le Heukareck, haute de deux mille mètres, la paroi de roche grise infranchissable. La muraille de mon destin ! D'abord, ils avaient à se plier, puis à s'organiser selon leurs possibilités qui naturellement dans un établissement comme Grafenhof ne pouvaient être que limitées ; les malades, combien ils étaient, je ne le sais plus, peut-être était-ce deux cents, selon mon appréciation, environ la moitié de femmes, qui étaient logées au premier étage, strictement isolées des hommes au second. Au rez-de-chaussée il y avait encore plusieurs de ce qu'on appelait des loggias pour des *malades particuliers* qui étaient soit *particulièrement malades*, soit *particulièrement privilégiés* à cause de leur position sociale, de leurs réputations, des hommes et des femmes. Ces malades, je ne les avais vus que de loin, de la cage d'escalier. Ma salle de douze lits était mon point de départ, je ne devais pas escompter bientôt sortir de cette salle, pourquoi d'ailleurs ? Peu à peu je me familiarisai avec les noms et les particularités de mes compagnons de maladie ; si primitivement, mon grand-père, par tous les moyens, avec toutes les conséquences, selon ses possibilités et les miennes, m'avait éduqué pour que je devienne un individu absolu, j'avais appris dans ces dernières années à être avec les autres et je l'avais appris mieux et avec plus de perspicacité que d'autres, j'étais entre-temps accoutumé à la communauté d'une certaine importance, l'internat me l'avait appris, les hôpitaux m'avaient mûri pour cette vie commune, je n'avais plus de difficultés avec elle, j'étais déjà habitué à être parmi beaucoup, avec les mêmes possibilités et impossibilités, soumis aux mêmes postulats, aux mêmes conditions qui n'étaient pas faciles. Ainsi, j'eus peu de difficultés à mes débuts à Grafenhof en ce qui concerne la vie en communauté, encore une fois cela avait été une communauté de souffrance. La salle de douze, à l'exception du docteur en droit, était occupée par des apprentis et des manœuvres, qui étaient tous de mon âge, entre dix-sept et vingt et un ans. Ici également régnaient tous les défauts possibles d'une communauté humaine dont les membres dépendent les uns des autres, ici aussi régnaient le soupçon, l'envie, la prétention d'avoir toujours raison mais aussi l'exubérance et le mot d'esprit ; bien que ceux-ci aient été très atténués, adaptés à l'état de souffrance de ces jeunes gens. L'égalité d'humeur prédominait, non le sentiment que toutes les choses ont une égale valeur. On ne renonçait à aucune des plaisanteries qui sont habituelles dans ces salles communes mais la brutalité et la grossièreté n'étaient qu'une moitié de ce qu'elles sont ordinairement, tout comme la gaieté évidemment. Ici l'on pressentait plus que l'on savait, encore qu'ici tous aient déjà su beaucoup de choses parce qu'ils avaient déjà beaucoup vu. Cependant le jeune homme, avec la plus grande habileté et une capacité imaginative la plus grande entre toutes, passe en se jouant par-dessus l'inéluctable, l'horreur, qu'il a pourtant déjà eu l'occasion de voir avec précision. Il perçoit mais il n'est pas encore prêt à faire l'analyse. À la différence de l'hôpital, au sanatorium la plupart n'étaient pas liés à leur lit, ils pouvaient se lever et circuler, suivre le cours de la journée prescrit par le règlement. Ils pouvaient se mouvoir librement dans le cadre des lois qui régnaient ici, ils étaient en état de quitter le sanatorium jusqu'aux frontières tracées, aux marques de délimitation, aux clôtures, en état d'entreprendre des promenades seuls ou non, comme toujours. Je m'étais lié à un homme qui, bien qu'il fût déjà mon aîné d'environ dix ans, était encore pourtant très jeune, je l'avais vu pour la première fois à la chapelle, il était assis à l'harmonium qui s'y trouvait et il avait, tout seul, improvisé sur un thème de Johann Sebastian Bach. Il était chef d'orchestre de profession et avait été choisi par les religieuses infirmières pour accompagner à l'harmonium leurs messes quotidiennes, je trouvai hors du commun la façon dont il jouait, elle m'avait tout de suite attiré, mon attention avait été éveillée sur le chemin de l'aérium, je m'étais arrêté pour entrer dans la chapelle. Tout d'abord je n'avais pas osé aborder cet homme puis je m'étais enhardi et je m'étais présenté. C'est ainsi qu'avait commencé une amitié qui dure jusqu'aujourd'hui, une amitié à nulle autre pareille entre deux témoins. La musique m'avait fait trouver un homme, me lier à un homme ; la musique qui, durant tant d'années, avait été tout pour moi et que je n'avais plus entendue depuis si longtemps, elle était de nouveau là et exécutée avec un art inconnu de moi depuis longtemps. J'avais un interlocuteur pour des promenades, quelqu'un qui m'expliquait, qui m'éclairait, un homme à la fois jeune et expérimenté qui avait déjà beaucoup voyagé, beaucoup vu. Il avait suivi les cours du Mozarteum[1] et avait eu un engagement en Suisse parce qu'il n'y avait pas eu de place pour lui en Autriche, ce pays n'a jamais eu de place pour ses propres artistes, il les a chassés sans ménagements vers tous les pays, de la façon la plus brutale. Ici on avait déjà un nouvel exemple de ce dont j'ai toujours parlé, dont je parlerai toujours ; l'artiste mal apprécié et même méprisé dans sa patrie et qui doit prendre le large. En Autriche on produit les artistes les plus éminents pour les expulser dans le monde entier, peu importe quel art ils pratiquent ; les plus doués sont écartés, jetés dehors. Ceux qui restent, ce sont les plus aptes à s'adapter, les médiocres, les petits et les tout petits qui, dans ce pays, ont toujours tenu et continuent à tenir le devant de la scène, qui dirigent les destins artistiques de ce pays en ambitieux, en esprits bornés, en petits-bourgeois. Malades, désespérés ou mondialement célèbres, les plus doués, les artistes de génie, reviennent dans tous les cas trop tard : quand ils sont à moitié morts ou accablés par l'âge. Pourtant c'est une vieille histoire que je ne me lasse jamais de rappeler au moins sommairement quand l'occasion s'en présente. Je n'avais, bien entendu, pas encore connu alors beaucoup d'artistes, au moins personnellement, leurs vies m'étaient inconnues et j'ignorais ce qu'était la règle et les exceptions. Mon ami était un musicien qui avait

1. Conservatoire de musique et d'art théâtral de très haut niveau installé à Salzbourg. *(N.d.T.)*

des dons peu communs, qui semblait avoir une tête lucide, une intelligence aiguisée, si bien que c'était un plaisir pour moi de deviser avec lui. Dépourvu de ressources il s'engageait dans les mois d'été comme musicien de bar à Arosa, bien loin des centres musicaux de Zurich et de Lucerne, cela avait altéré sa santé. Maintenant il était à Grafenhof depuis beaucoup de mois, presque une année. Nous étions très souvent assis sur un banc au-dessus de l'aérium des femmes, il relatait et j'écoutais. J'avais un interlocuteur dont je pouvais beaucoup apprendre, longtemps j'avais regretté l'absence d'un homme pareil avec ses capacités, il me semblait que, depuis la mort de mon grand-père, je n'avais plus eu personne que je puisse écouter sans devoir désespérer et en qui je puisse avoir confiance. Il était citoyen du Liechtenstein comme son père qui était originaire du Liechtenstein mais il était né à Salzbourg. Nous eûmes dès le début d'innombrables sujets de conversation : l'art, la musique, Salzbourg, l'Autriche, la maladie mais c'était d'elle que nous parlions le moins car observer la maladie et son déroulement c'était la chose la plus évidente, nous avions des sujets meilleurs et plus utiles, le contrepoint par exemple, les fugues de Bach, *la Flûte enchantée*, *Orphée et Eurydice*, Richard Wagner et Debussy. Comme mon ami, à côté de l'anglais, du français et du russe, possédait aussi l'italien, je lui demandai de me donner des leçons de cette langue, je pensais : cela me sera utile comme chanteur. Je n'avais pas encore abandonné l'idée de devenir chanteur, au contraire, je la poursuivais avec la plus grande concentration, après avoir su que toute une série de chanteurs célèbres en une certaine mesure avaient été poitrinaires dans leur jeunesse, avaient surmonté la maladie et exercé leur art, des dizaines d'années. Une grosse caverne n'empêcha pas un chanteur de chanter le rôle de Wotan à Bayreuth, des années plus tard. Ainsi nous étions assis presque chaque jour sur le banc au-dessus de l'aérium des femmes lors des cours d'italien. Entre les heures prescrites de repos allongé évidemment, au lieu d'aller nous promener. Après une longue période je retrouvais la joie. J'étais joyeux, je me complaisais dans la fréquentation d'un homme qui renouait les cordons rompus qui avaient lié mon existence à un monde plus satisfaisant, depuis combien de temps n'avais-je plus entendu les mots : *harmonie*, *dissonance*, *contrepoint*, *romantisme* et cetera, le mot *créateur*, le mot *musique* ?, toutes ces notions et des milliers d'autres s'étaient éteintes en moi. À présent, tout à coup elles étaient de nouveau les points de référence qui étaient tout simplement nécessaires pour pouvoir exister. Mais cet état d'exaltation ne changeait rien au fait de la sourde tristesse qui régnait ici uniformément, dont rien n'était exclu, tout était cette sourde désolation, du matin au soir, de la première à la dernière heure de chaque journée. Et depuis bien longtemps tout s'était accoutumé à cette sourde désolation. Un jour je pensais : je serai de nouveau dehors, je reprendrai mes études et je deviendrai un chanteur et je me voyais dans les salles de concert les plus importantes, dans les plus grands opéras du monde développer une carrière déjà entreprise, un jour je pensais : je ne retrouverai plus jamais la santé, je ne sortirai plus jamais, à Grafenhof, pareil au grand nombre des autres, j'abandonnerai la partie, je mourrai à petit feu, j'étoufferai. Un jour, je pensais : je sortirai très vite de Grafenhof et je serai bien-portant, un autre jour : ma maladie ne pourra pas être endiguée, logiquement elle évoluera pour devenir cette maladie qui réduit à néant toute espérance comme chez la plupart de mes compagnons de maladie. Mes pensées n'étaient pas des pensées d'exception, mes sensations des sensations d'exception. Vraisemblablement la même chose se passait à l'intérieur de chacun, chez l'un plus fortement, chez l'autre d'une façon plus atténuée, l'un nourrissait un espoir plus grand, l'autre moins grand, l'un avait la gorge serrée par l'absence complète d'espoir, l'autre par une absence moins grande. Quand je tournais ensuite mes regards sur les visages gris et même d'un gris bleuâtre des malades mortellement atteints, quand je les contemplais en train de se recroqueviller peu à peu, de plus en plus, dans leurs coins familiers, rassurants et peu rassurants, quand je les observais s'avançant à tâtons le long des murs, n'étant plus guère capables de maintenir debout leur corps totalement amaigri, prenant place au réfectoire dans leurs robes de chambre flottantes, les genoux pliés, s'affaissant dans leurs fauteuils et effectivement incapables de soulever la verseuse pour se servir du café, inclinant la verseuse ou la laissant tout de suite à sa place jusqu'à ce qu'un autre l'ait soulevée pour eux et leur ait servi du café, quand je les observais se rendant à la chapelle, marchant pas à pas contre le mur, leurs globes oculaires saillant hors de leurs orbites noircies, il est bien vrai que la pensée à un avenir qui me soit propre s'évanouissait en moi, la pensée à un avenir quelconque en général, alors il me fallait penser que je n'avais absolument plus d'avenir, même le rêve d'un pareil avenir était une absurdité, une impudence. Combien n'avaient eu comme moi que ce qu'on appelle une ombre puis pourtant, soudain, ce qu'on appelle un infiltrat, puis un trou et ils étaient liquidés. *J'ai seulement une ombre*, n'autorisait à rien, ce fait était bien plutôt le billet gratuit pour aller à la ruine. Combien de fois, disais-je en manière de plaisanterie : *j'ai seulement une ombre* et le caractère révoltant et surtout l'impudence de cette plaisanterie me terrifiaient, le fait que, d'une façon générale, j'avais la hardiesse de plaisanter m'inspirait de la honte avant même que j'aie achevé ma plaisanterie. Toujours quand j'étais revenu de la radio je me permettais de spéculer sur l'avenir : si mon ombre avait rapetissé ou si au moins elle était restée la même, j'avais un avenir, si elle s'était agrandie je n'en avais pas. Les médecins ne laissaient pas regarder dans leur jeu. C'était absolument un jeu de hasard, il n'y avait pas de possibilité de tricher. Je disais : je chanterai, une heure plus tard : je ne chanterai pas. Je sortirai bientôt, je sortirai guéri, une heure plus tard : je ne sortirai pas. Continuellement, ces horribles spéculations me tiraient d'un côté à l'autre. Ainsi est-il advenu à tous, à chacun selon sa manière. Tous, dans notre peau, nous étions dans une enveloppe mortelle et nous cherchions à nous en sortir à force de théorie et d'imagination mais nous étions convaincus que, tous ensemble et sans exception, nous devions échouer. J'étais assis sur le banc de la pente au-dessus de l'aérium des femmes et je m'interrogeais : avais-je peut-être été puni de ma témérité ? Pour avoir été d'un instant à l'autre dans la direction opposée, au lieu d'aller au lycée, pour être entré un matin en apprentissage afin de devenir commerçant ? Là-bas, en déchargeant le contenu du camion de pommes de terre, j'avais attrapé la maladie, je l'avais acquise par mon activité commerciale, comme avait dit mon grand-père. Je n'avais pas été courageux, j'avais exagéré mon courage, j'avais été *outrecuidant*. Mais à quoi servaient ces pensées à présent ? Je suis venu à bout de l'hôpital, de Grossgmain, je suis finalement venu à bout de l'extrême-onction, je viendrai aussi à bout de Grafenhof. Quand ma mère mourra, car elle mourra, là-dessus il n'y avait pas le moindre doute, je serai effectivement complètement seul, ai-je pensé, je n'aurai plus aucun être humain important apparenté à moi sinon ma grand-mère. J'attendais ce moment, tous les jours au début de la matinée, je demandais à la loge du gardien si j'avais du courrier mais je n'en recevais pas, aucun signe de vie de Salzbourg ne m'atteignait, mes gens avaient toujours été paresseux pour écrire, il régnait un silence de mort entre moi, donc ici, et Salzbourg avec les miens. S'ils m'avaient écrit, ne fût-ce qu'une fois par semaine ! Ils ne le faisaient pas, ils n'écrivaient pas, pas une seule fois, aussi longtemps que j'ai été à Grafenhof, je n'ai reçu de courrier venant d'eux. De la paresse pour écrire ? Je détestais cette expression quand elle me venait à l'esprit. La période entre Grossgmain, le prétendu sanatorium, l'hôtel de la mort, des balcons duquel on pouvait juste avoir un coup d'œil sur les monticules du cimetière, et Grafenhof avait été aussi, bien entendu, déprimante, aujourd'hui il me faut l'intituler *les adieux* car dans cet espace de temps j'avais fait, j'avais dû faire mes adieux à tout ; à n'importe quoi de ce que je pourrais énumérer aujourd'hui j'ai fait mes adieux. J'ai erré par les rues de Salzbourg, j'ai gravi les hauteurs familières de Salzbourg et je suis sans cesse allé sur la tombe fraîchement creusée de mon grand-père, partout où j'allais j'avais seulement pour but de faire mes adieux. Quand je revenais à la maison affamé, fatigué, avec, au sens propre du terme, la nausée de la vie, il s'agissait à nouveau de faire mes adieux à ma mère. Tout l'appartement était empli de son odeur putride, partout, à l'intérieur de tout, cette odeur putride s'était répandue. Ma mère savait qu'elle allait mourir et de quoi elle allait mourir, personne ne lui avait dit mais elle était trop intelligente, elle avait l'ouïe trop fine, il ne lui échappait rien. Elle supportait sa maladie sans reproches envers son entourage, sans reproches envers le monde et envers Dieu. Elle regardait fixement les murs et n'avait de haine contre rien, sinon contre la pitié qu'on avait pour elle. Il y avait alors six mois qu'elle avait ces douleurs *inimaginables* qu'aucun médicament ne pouvait plus supprimer et n'avait plus guère pu endiguer. De l'heptadon, de la morphine à doses de plus en plus fortes ; son mari, ma grand-mère, assuraient un service de jour et de nuit jusqu'à l'épuisement total. Les enfants, mes frères et sœurs et moi étaient les gêneurs et les observateurs pleins de pressentiments mais ignorants et naturellement la plupart du temps encombrants. Nous voyions tout mais ne comprenions rien, nous ne pouvions pas le comprendre. La maladie de ma mère, elle aussi, devait être imputée à un médecin *inattentif*, c'est à lui qu'incombe la responsabilité de sa mort tout comme la responsabilité de la mort de mon grand-père incombe à un médecin *inattentif*, il avait agi trop tard, il avait, comme on dit, péché par négligence, cela ne l'avait pas troublé que mon tuteur, le mari de ma mère, lui ait reproché cette négligence, mortelle en dernière analyse, lui ait demandé des comptes, les médecins se débarrassent de ces reproches d'un haussement d'épaules et passent à autre chose. Le chirurgien est l'assassin de mon grand-père, le gynécologue a tué ma mère, me disais-je, mais c'était ridicule, c'était une pensée pleine à la fois de sottise et d'inexpérience du monde et en outre de mégalomanie. J'étais assis sur la souche d'arbre entre deux hêtres, observant les malades masculins se promenant plus bas deux par deux ; selon le règlement ils se promenaient quand les femmes devaient être étendues dans l'aérium, la règle étant que les hommes étaient étendus dans l'aérium quand les femmes allaient se promener, les femmes allaient se promener quand les hommes étaient dans l'aérium, ainsi la direction de l'établissement empêchait que les hommes et les femmes aillent se promener en commun, de cette façon les hommes et les femmes ne se réunissaient pas, il leur fallait tourner le règlement et risquer d'être renvoyés sans délai s'ils voulaient être ensemble. J'étais assis sur la souche d'arbre, observant derrière les choses que j'observais ma période intermédiaire à Salzbourg, l'époque entre Grossgmain et Grafenhof, une époque de terreur, une époque d'humiliation et de tristesse ; j'avais suivi par la ville ces chemins que j'avais faits avec mon grand-père, j'avais parcouru ces rues qui m'avaient conduit à mes leçons de musique, je me risquais même à aller timidement et en toute clandestinité à la cité de Scherzhauserfeld, sans, il est vrai, aller voir Podlaha et son commerce, je me tenais à distance appropriée devant son magasin de comestibles, observant la clientèle, je la connaissais. Je n'aurais osé à aucune condition entrer dans la boutique, bien plus je n'osais même pas aborder les clients de Podlaha qui m'étaient familiers et qui passaient seulement à cinquante ou cent mètres de moi, toutes les fois qu'il semblait qu'on allait en arriver à une rencontre, une confrontation, je me cachais, j'étais un raté, je m'étais montré incapable, j'avais pris froid lors d'un ridicule déchargement de pommes de terre dans la tempête de neige, j'étais tombé malade, je m'étais retiré de la communauté de la cité de Scherzhauserfeld, j'avais été rejeté, oublié vraisemblablement. Comme j'aurais aimé aborder ces personnes, me faire reconnaître mais je ne devais pas, par instinct de conservation. Ainsi j'étais reparti, plus déprimé, rejeté dans une double solitude. Partout je m'étais montré incapable : à la maison, dès le début, enfant, jeune homme, enfant à l'école, jeune homme dans mon apprentissage, toujours et partout, cette constatation m'accablait, faisait de mon chemin à travers la ville un chemin de croix, dans toutes ces rues et ces recoins et parmi tous ces gens, sans cesse je m'étais montré incapable, il avait fallu que j'échoue parce que ma nature est ainsi, voilà ce que je devais me dire. J'avais été dans la Pfeifergasse, où la *Keldorfer* et le *Maître Werner*, mes professeurs de musique m'avaient donné des cours et je m'étais montré incapable. J'avais été au collège d'enseignement secondaire et je m'étais montré incapable, j'étais entré à l'internat et je m'étais montré incapable, au lycée, où que ce soit, j'avais été chassé ignominieusement, j'avais été humilié, mis à l'écart, jeté dehors par tout le monde sans exception, quand je traverse Salzbourg, c'est encore aujourd'hui cet horrible chemin de croix, même après trois décennies. Assis sur la souche d'arbre je me voyais frapper à toutes ces portes et l'on ne m'ouvrait pas. J'avais toujours été éconduit, jamais je n'avais été reçu, agréé. Mes demandes n'avaient jamais été acceptées, mes prétentions étaient les prétentions mégalomanes sur lesquelles le jeune homme renchérit encore, si bien qu'elles ne peuvent tout simplement pas être acceptées, les prétentions mégalomanes envers la vie, envers la société, envers tout. Ainsi, plein d'arrogance, exigeant tout, il m'avait fallu tout ce temps-là exister seulement la tête rentrée dans les épaules. Comment cela était donc réel, s'était déroulé chronologiquement ? demandais-je et je défaisais encore une fois tout ce qui était empaqueté, solidement ficelé, peu à peu, à présent j'avais effectivement le calme nécessaire, et jusqu'à ce que j'aie tout dévoilé : la guerre et ses conséquences, la maladie de mon grand-père, la mort de mon grand-père, ma maladie, la maladie de ma mère, les désespoirs de tous les miens, leurs conditions de vie accablantes, leurs existences sans perspective d'avenir, puis de nouveau j'empaquetais tout et je le ficelais. Mais je ne pouvais pas abandonner ce paquet solidement ficelé, il fallait que je le reprenne avec moi. Je le porte encore aujourd'hui et plus d'une fois je l'ouvre et le défais pour refaire le paquet et le ficeler. Alors je n'y comprends pas plus. Je n'y comprendrai jamais plus, c'est cela qui est accablant. Et quand je défais le paquet et en plus devant des témoins, comme à présent, en déballant ces phrases grossières et brutales et, souvent aussi, sentimentales et banales, avec moins d'inquiétude il est vrai que pour aucune autre phrase, je n'ai pas de pudeur, pas la moindre. Si j'avais un peu de pudeur, si peu que ce fût, je ne pourrais, bien sûr, absolument pas écrire, seul écrit celui qui n'a pas de pudeur, seul celui qui est sans pudeur est capable de se saisir de phrases et de les déballer, et de les jeter tout simplement sur le papier, seul celui qui est sans pudeur est authentique. Mais naturellement, cela aussi est, comme tout, un sophisme. J'étais assis sur la souche d'arbre, fixant des yeux mon existence qu'il me fallait à la fois aimer si ardemment et détester si affreusement. Dans cette époque intermédiaire j'avais aussi passé mon examen de commis de magasin à la Chambre du commerce et de l'artisanat, comme on appelle cette institution, j'avais voulu terminer dans les règles mon temps d'apprentissage, j'avais le droit de me présenter à cet examen et je l'avais réussi. J'avais eu à reconnaître soixante-douze sortes de thé qui étaient étalées devant moi et je ne m'étais pas trompé, j'avais répondu *non* à la question : doit-on verser du bouillon Maggi dans un flacon de la marque GRAF si un client me le demande ? et c'était la bonne réponse : les bouteilles portant la marque d'une firme ne doivent être remplies que par le contenu correspondant à cette marque, c'est ce que j'avais appris, cela m'aida à terminer cet examen d'une façon positive. Mais quel profit tirais-je à présent de ce qu'on appelle le diplôme de commis de magasin ? C'était un fait qu'avec mon poumon malade je ne devais absolument pas être employé dans le commerce d'alimentation, j'avais pu tout aussi peu chanter avec le même poumon malade. Avec le secours d'une petite pension du fonds d'aide sociale, j'étais condamné à tomber à la charge des miens, Radetzkystrasse. J'étais condamné à aller d'un endroit à l'autre, à traîner, tout simplement mis à l'écart de tout. Mon unique espoir consistait à attendre mon billet pour Grafenhof afin d'entrer dans l'établissement qui, disait-on, était connu et redouté comme le plus terrifiant. En vérité je ne pouvais absolument pas attendre l'instant de prendre le train pour Grafenhof et si j'avais dans la main le billet pour Grafenhof je ne pouvais m'empêcher d'être heureux, que je le veuille ou non, j'étais heureux. J'avais été heureux de pouvoir aller dans cet établissement de terreur, c'était la vérité si incompréhensible que fût cette vérité. Une fois à Grafenhof, qui peut-être n'est absolument pas aussi détestable qu'on le dit, j'aurai du temps et assez d'air pour réfléchir à la suite des événements, à Salzbourg, et parmi les miens, je n'avais pas de temps ni assez d'air. J'avais vraiment toujours été près d'étouffer tant que j'avais été à Salzbourg et, en ce temps-là, je n'avais qu'une pensée : la pensée du suicide ; toutefois, pour me suicider réellement j'étais trop lâche et également beaucoup trop curieux de tout, toute ma vie j'ai été d'une curiosité impudente, cela m'a toujours empêché de me suicider, je me serais mille fois tué si je n'avais pas été retenu à la surface de la terre par mon impudente curiosité. Toute ma vie je n'ai rien admiré davantage que ceux qui se suicident. Ils me dépassent en tout, ai-je toujours pensé, en tout, je ne veux rien et je suis attaché à la vie, aussi abominable et médiocre soit-elle, aussi répugnante et vile, aussi bas soit son prix et aussi abjecte soit-elle. Au lieu de me tuer, je conclus les compromis les plus répugnants, je m'abaisse au niveau de tout un chacun et je me réfugie dans la mollesse comme dans une fourrure nauséabonde mais qui réchauffe, dans la pitoyable survie ! Je me méprisais parce que je continuais à vivre. Assis sur la souche d'arbre je voyais l'absurdité absolue de mon existence. Je me voyais allant au cimetière sur la tombe de mon grand-père et revenant du cimetière, un tumulus, c'était ce qui était resté de nos projets de voyages à tous les deux, une chambre vide au bout de l'appartement ; intacts, les vêtements de mon grand-père étaient encore suspendus à la porte et dans l'armoire, sur son bureau il y avait encore les morceaux de papier couverts de ses notes relatives à son travail d'écrivain mais aussi à des obligations tout à fait banales comme : *Ne pas oublier de coudre les boutons de chemise* ! *Porter mes chaussures chez le cordonnier* ! *Peindre la porte de l'armoire* ! *Sermonner Herta (ma mère) pour le bois de chauffage* ! Que signifient à présent ces morceaux de papier ? À présent, devais-je m'asseoir *moi* au bureau ? De faire cela, je n'avais aucun droit, *encore* aucun droit, avais-je pensé. Je n'avais non plus aucun droit, *encore* aucun droit de prendre les livres du rayon : Goethe, tome quatre, par exemple, Shakespeare : le Roi Lear, Dauthendey : poèmes, Christian Wagner :

poèmes, Hölderlin : poèmes, Schopenhauer : Parerga et Paralipomena. Je n'osais rien toucher dans la chambre. Comme s'il ne fallait pas exclure la possibilité que le propriétaire et possesseur de cette chambre et de son contenu entièrement destiné à lui pût entrer à tout instant pour me demander des comptes. C'était ici que l'écrivain sans succès, méconnu, s'était assis tous les jours à trois heures du matin pour travailler. C'était *absurde*, comme je devais l'apercevoir à présent, comme il l'avait aperçu lui-même, il ne l'avait pas dit, en tout cas pas avec des mots, mais cela avait été son opinion à chaque instant, sous le poids de cette absurdité, il avait poussé sa discipline à l'extrême limite de la discipline, il s'était créé un système qui était devenu de plus en plus son système absolument personnel, je reconnais dans ce système mon propre système. Pour lutter contre l'absurdité, se lever et commencer, travailler et penser, au milieu de rien d'autre que l'absurdité. Devais-je à présent penser plus avant sa pensée ? Devais-je recevoir de lui son système, en faire le mien ? Mais depuis le début, il avait bien été aussi mon système. S'éveiller, commencer son travail jusqu'à l'épuisement, jusqu'à ce que les yeux ne puissent plus, ne veuillent plus rien voir, terminer, fermer la lumière, se livrer à la puissance des cauchemars, s'abandonner à eux comme à une cérémonie sans pareil ? Et le matin de nouveau la même chose avec la plus grande précision, avec la plus grande pénétration : *le reflet illusoire de la signification.* Assis sur la souche d'arbre, le Heukareck devant moi, je contemplais l'infamie d'un monde dont je m'étais détaché en faisant toutes les réserves possibles, d'où je m'étais élancé afin de pouvoir le voir sous mon angle et à travers mon objectif. Ce monde avait exactement l'apparence que mon grand-père m'avait décrite quand j'étais encore incrédule et n'étais pas disposé à accepter tout ce qu'il me décrivait, je l'avais écouté mais je m'étais refusé à le suivre, les premières années en tout cas, plus tard j'eus moi-même les preuves de la justesse de ses assertions : le monde est en majorité nauséabond, quand nous y plongeons nos regards, nous les plongeons dans un cloaque. Ou bien non ? J'avais à présent la possibilité de vérifier les assertions de mon grand-père, j'étais possédé du désir d'avoir dans ma tête les preuves de la justesse de ses assertions, et je courais, je me précipitais à la recherche de ces preuves dans tous les coins de la ville de ma jeunesse et de ses environs assez proches. Mon grand-père avait bien vu le monde : comme un cloaque où les formes les plus belles et les plus compliquées se développent quand on y plonge le regard suffisamment longtemps, quand l'œil s'abandonne à la persévérance de ces visions microscopiques. Le cloaque tenait prêtes les beautés de la nature pour un regard perçant, un regard révolutionnaire. Mais cela restait un cloaque. Et celui qui y plonge longtemps son regard, y plonge son regard durant des décennies, se fatigue et meurt et/ou s'y précipite la tête la première. La nature était la nature cruelle, comme il l'avait classée, les hommes étaient les hommes désespérés et vils, comme il les avait décrits. Toujours j'étais à la recherche de preuves contraires à ses vues, c'est sur ce point-là, à ce coin-là que je vais le désavouer, avais-je pensé, mais non, je n'avais jamais dans ma tête que la confirmation. Il indiquait les choses, je les dévoilais et les confirmais. Assis sur la souche d'arbre je pratiquais à présent cette démonstration dans mon souvenir pour me détendre, j'essayais de répéter mes recherches, de me les remettre encore une fois sous les yeux, dans ce genre d'essais j'étais déjà parvenu à la perfection, j'avais la possibilité d'appeler où je voulais le souvenir à la conscience et de le contrôler sans cesse et sans cesse. Mon histoire, dans l'intervalle, était déjà une histoire universelle avec des milliers et des milliers sinon des millions de dates stockées dans mon cerveau, capables à chaque instant d'être appelées à la conscience. Mon grand-père m'avait mis au courant de la vérité, pas seulement de sa vérité, de ma vérité aussi, de la vérité en général et, par surcroît, immédiatement aussi, des erreurs totales de ces vérités. La vérité est toujours une erreur bien qu'elle soit la vérité à cent pour cent, toute erreur n'est rien que la vérité, ainsi me tirais-je d'affaire, ainsi avais-je la possibilité d'aller plus loin, ainsi n'avais-je pas besoin d'interrompre mes projets. Ce mécanisme me tient en vie, me donne la possibilité d'existence. Mon grand-père avait toujours dit la vérité *et* il s'était totalement trompé comme moi, comme tout le monde. Nous sommes dans l'erreur quand nous croyons être dans la vérité et inversement. L'absurdité est le seul chemin possible. Je connaissais ce chemin, la route qui permet d'aller plus loin. Assis sur la souche d'arbre je trouvais mon plaisir à vérifier l'addition que mon grand-père avait posée, à additionner les nombres écrits les uns au-dessous des autres, je faisais cela comme l'apprenti commerçant dans son magasin, avec la même précision, avec la même absence de ménagements pour l'acheteur. Nous entrons acheter dans le magasin de la vie et nous devons payer l'addition. Ici le vendeur *ne se trompe pas.* Tout ce qui a été additionné entre-temps est exact, c'est toujours le seul prix véritable. Assis sur la souche d'arbre je m'interrogeais sur mon origine et je me demandais si, d'une façon générale, le fait de savoir d'où j'ai pris naissance devait m'intéresser, si je risquerai ou non cette mise à découvert, si j'aurai ou non l'impudence de me scruter de fond en comble. Je ne l'avais jamais fait, j'en avais toujours été empêché, moi-même je m'étais refusé à me défaire couche par couche, *à découvrir le mystère*, je ne me sentais jamais en état de le faire, j'étais à la fois trop faible et incapable et qu'avais-je dans la main pour cette expédition sinon des choses confuses, brouillées, dites à demi-mot, de mauvaise grâce ? Étais-je maintenant dans la disposition de faire abandon de ma personne en face de moi-même ? de faire ce que je ne m'étais jamais enhardi à faire sous les yeux des miens, à plus forte raison de ma mère : élucider tout au moins l'origine de mon père ? Jusqu'aujourd'hui je ne sais rien de lui sinon qu'il a été avec ma mère dans le même cours préparatoire de l'école primaire et qu'à quarante-trois ans, après s'être marié en Allemagne et y avoir fait encore cinq enfants, il a péri à Francfort-sur-Oder, comment ? cela m'est inconnu, les uns disaient qu'il avait été assommé, les autres, fusillé, par qui ? par quel camp ? en mille neuf cent quarante-trois, c'est une chose inconnue *pour moi.* Vivre avec cette incertitude, j'y ai été habitué entre-temps, percer le brouillard humain comme le brouillard politique, je n'en avais jamais eu le courage, ma mère avait refusé de dire même un seul mot sur mon père, pourquoi ? je n'en sais rien. Je suis réduit à des présomptions, toutes les choses qui concernent mon père ne sont restées que des présomptions, je me suis souvent demandé, parce qu'après tout il a été mon père, *qui était mon père ?* Mais moi-même, je ne pouvais me donner aucune réponse et les autres n'étaient pas prêts à le faire. Combien le crime ou les crimes de mon père selon la chair doivent avoir été grands pour qu'il ne m'ait pas été permis de mentionner son nom dans ma famille et même chez mon grand-père, prononcer le nom d'*Aloïs*, cela m'avait été interdit. Il y a déjà huit ans, j'avais déniché une amie de classe de mon père, qui avait aussi été à l'école primaire avec ma mère et qui connaissait mon père, elle le connaissait très bien comme je le sais aujourd'hui et j'avais eu le courage de convenir avec elle d'un moment où elle était prête à parler de mon père. Mais un jour avant la rencontre je découvris dans le journal une image épouvantable : deux cadavres décapités sur une route d'accès à Salzbourg ; la camarade d'école de ma mère, la seule qui eût pu me renseigner sur mon père avait été victime d'un accident mortel. Cette image d'épouvante dans le journal m'avait donné une certitude : je ne devais plus m'informer sur mon père. Il était fils d'agriculteur et avait appris le métier de menuisier, les lettres qu'il avait écrites à ma mère doivent avoir été pleines de mensonges. Il ne m'avait pas reconnu, il se refusa à payer même un schilling pour moi. Je me vois à sept ou huit ans, donnant la main à ma mère, entrer à la mairie de Traunstein afin qu'on puisse me faire une prise de sang, preuve de la paternité d'*Aloïs Zuckerstätter*, mon père. La prise de sang confirma la paternité, mais mon père était introuvable et n'avait rien payé pour moi. La vengeance de ma mère consistait très souvent à m'envoyer, *moi*, à la mairie pour aller chercher les cinq marks que l'État payait pour mon entretien pour un mois ! elle n'avait pas craint de m'envoyer, un enfant, directement dans l'Enfer avec cette remarque : *afin que tu voies ce que tu vaux*. Cela non plus je ne l'oublierai naturellement pas : ma propre mère se vengeant du mari infidèle en envoyant dans l'Enfer son enfant et l'enfant de ce mari avec une phrase diabolique, la phrase la plus diabolique de toutes les phrases que j'ai dans l'oreille. Jusqu'où et à quelle profondeur peut aller le désespoir, je le sais de ces courses en Enfer, à la mairie de Traunstein, le premier du mois *était* pour moi la course en Enfer. Cela, ma mère l'avait-elle su ?

Assommé ? Fusillé ? Cette question m'occupe encore aujourd'hui, il est vrai. En quarante-cinq, quelques mois après la guerre, j'avais moi-même, de ma propre initiative, fini par découvrir le père de mon père, il avait logé dans une cave à Itzling, un faubourg de Salzbourg, dans le quartier de la gare, la cave froide et humide de la maison d'un de ses fils, un des frères de mon père, que je n'ai jamais vus de ma vie, je n'avais pas trouvé d'intérêt à les connaître, pourquoi d'ailleurs ? J'étais informé de leur existence mais je ne voulais pas y toucher. Ce père de mon père, qui avait déjà alors dans les soixante-dix ans et, comme je l'ai appris par le journal, est mort, il y a seulement peu de temps, à cent quatre ans, et qui vraisemblablement, je l'ai pensé et je le pense encore, a tenu jusque-là dans cette tanière froide et humide, avait parlé de mon père comme d'une tête de bétail, de chacun de ses fils comme d'une tête de bétail, mon père s'était *évaporé* depuis longtemps, avait-il dit, assis sur une espèce de trône dans un énorme tas de vieux chiffons et de saleté. Dans ce sous-sol il y avait un lit à baldaquin, comme on appelle ces lits, gigantesque, avec de lourds rideaux de velours et comme le fauteuil en forme de trône avait été sculpté de la même façon dans le même bois dur et qu'il avait la même monstruosité horrifiante j'avais pensé : mon père n'avait-il pas fabriqué et sculpté ces meubles de mauvais goût ? Il avait bien été menuisier, comme je le savais, cependant je n'avais pas posé de question à ce sujet. Sans cesse ce grand-père paternel que je n'ai vu que cette seule fois dans ma vie, ni avant ni après, avait dit de mon père qu'il avait été en Allemagne, qu'il y avait fait cinq enfants et qu'il s'était *évaporé* depuis bien longtemps. Il avait toujours fait mention du mariage de son fils, sans cesse il avait dit : *celui-là s'est marié en Allemagne, il a fait cinq enfants et il s'est évaporé depuis bien longtemps.* Ce grand-père ouvrit un tiroir dans une table branlante qui n'allait absolument pas avec les autres monstres du mobilier, en tira une photographie en couleurs et me la donna, le portrait de mon père qui me ressemblait tellement que j'en fus effrayé. Je mis la photographie dans ma poche et courus à la maison ; je n'avais pas pu me maîtriser et j'avais décrit mon aventure à ma mère, j'avais fait la tentative de la décrire, je n'y suis pas parvenu car dès que j'eus seulement commencé à dire que j'avais découvert le père de mon père elle déversa sur moi un flot d'injures et elle me maudit. L'imprudence de lui montrer la photographie de mon père avait été une raison suffisante pour qu'elle m'arrache de la main cette photo et la jette dans le poêle. Jamais plus après cette explication, que j'ai en mémoire comme l'une des pires de ma vie, je n'avais fait mention de mon père à la maison. Je ne touchai plus à ce sujet. Je me contentai de me livrer à des spéculations quant à savoir qui il *pourrait* avoir été, quel genre d'homme, quel genre de caractère ? Ici j'avais effectivement le champ le plus vaste. Il n'est pas sans importance que ce soit ma mère elle-même qui m'ait livré le lieu précis où j'ai été engendré. Quelle raison avait-elle pour cette communication, elle qui plus tard ne permettait même plus qu'on lui rappelle mon géniteur ? De la camarade de classe de ma mère, femme d'un voiturier de Henndorf, j'aurais certainement beaucoup sinon tout appris et je saurais aujourd'hui plus que la poignée de choses, affreusement petite, que je sais. Avec cette connaissance qui, à mesure que je vieillis, est de plus en plus indigente, il est absurde de se mettre à explorer, si peu que ce soit, la personne de mon père. Mais le veux-je d'ailleurs ? N'est-ce pas un avantage de savoir si peu, presque absolument rien, de mon géniteur, de faire sans cesse de mon *intuition* du personnage en question le moyen et la fin ? Avaient-ils, les miens, mon grand-père y compris, bien ou mal agi en effaçant mon père de la vie ? La question reste pendante, leur faute reste entière, tout comme demeurent nos suppositions, tout comme demeure mon soupçon, au bout du compte un besoin constant, très souvent aussi un besoin instant d'accusation contre les miens. Mais à présent ils sont tous morts et il est vain de leur demander des comptes ; condamner les esprits et les mettre au cachot est absurde, ridicule, mesquin et bas. Ainsi je les laisse tranquilles. Cependant je joue sans cesse sur toutes leurs cordes afin que je puisse l'entendre tout entier, l'instrument familial, si justes ou fausses que soient les notes que j'en tire. Ils méritent que je ne ménage pas leurs cordes mais celles qui sont les plus dissonantes me stimulent toujours plus que les autres et, pour l'avouer en toute franchise, je les aime mieux. Dans le dortoir, dans mon lit, à côté de la porte, la couverture tirée jusqu'au menton, parmi les malades qui dormaient et n'étaient pas réveillés, comme moi, je me voyais lors de mes tentatives pour débarrasser de ma route les fourrés touffus de mon origine, mais il ne servait à rien cet effort sans trêve ; plus je m'enfonçais dans cette broussaille, plus l'obscurité s'accroissait et avec elle le désert, plus j'étais livré à des possibilités encore plus grandes d'être blessé, sans défense, d'une façon que je connaissais depuis ma première enfance. Toutefois je ne voulais pas me laisser écarter de mes inutiles tentatives de forcer la lumière à entrer, par tous les moyens qui m'étaient possibles, dans l'obscurité et dans les ténèbres, même si je connaissais déjà le cauchemar. D'où était *véritablement* mon grand-père ? D'où était *véritablement* ma grand-mère ? Paternel ! Maternel ! D'où étaient-ils tous ceux qui m'avaient sur la conscience et dont je réclamais des éclaircissements ? Quand je les appelais, ils étaient partis tels des spectres. J'essayais de les guetter à tous les coins possibles, de leur couper la route, mais ils étaient plus rapides, plus adroits, tout simplement plus astucieux, et ils s'étaient déjà échappés quand je croyais les prendre. Ils ne répondaient pas à leurs noms, ils ne comprenaient pas ce dont je parlais quand je leur parlais, ils parlaient alors une tout autre langue, incompréhensible pour moi. J'avais été assez naïf pour croire que je devais attendre de chacun d'eux isolément une histoire que j'aurais pu ensuite cimenter à mon histoire, dans ma propre tête, c'était là l'erreur. L'erreur de penser que je n'avais qu'à les appeler partout où je pouvais mettre la main sur eux, où je pouvais les tenir en arrêt, pour obtenir des renseignements, pour entendre la vérité sur-le-champ. Ma naïveté avait été jusqu'à croire que je pouvais leur poser mes questions comme des questions d'un tribunal pour obtenir la clarté comme réponse, sans exception, sans réplique, alors que certes je questionnais constamment mais que je n'avais reçu absolument aucune réponse et si j'avais une réponse, c'était la réponse insuffisante, le pur mensonge effronté. Je m'imaginais avoir un droit à poser toutes mes questions, donc avoir aussi le même droit à recevoir les réponses correspondantes ; touchant et inconscient, je questionnais donc sans cesse et toujours j'étais déçu par l'écho au plus profond de moi-même. Avais-je au moins suffisamment questionné ceux avec lesquels j'avais effectivement vécu un certain temps, peu importe sa durée ? pensais-je ici dans mon lit. La réponse était non, je ne les ai pas assez questionnés, j'avais sans cesse conservé ces questions pour plus tard, je les avais repoussées loin de moi, écartées et repoussées loin de moi jusqu'à ce qu'alors il ait été définitivement trop tard. Combien de choses aurais-je dû avoir l'obligation et non le simple devoir de demander à mon grand-père, à ma grand-mère, que de choses ai-je négligé de demander, à présent il est trop tard ; quand nous interrogeons les défunts, les morts, ce n'est rien que l'inutilité criminelle du survivant qui vise constamment à protéger ses conditions de vie. J'ai eu tout mon temps pour poser des questions et je ne les ai pas posées, même pas les questions les plus importantes, pensai-je. Soudain j'y vois clair : ils empêchaient ces questions, ils les attendaient et les redoutaient et avaient tout fait pour ne pas être interrogés. Ils avaient réussi à sortir finalement et définitivement du monde sans avoir besoin de me répondre. Ils m'avaient laissé des fourrés, un désert, une steppe où j'avais toutes les perspectives de mourir de faim et de soif, d'être anéanti. Ils avaient toutes les réponses prêtes mais ils ne les donnaient pas, ils n'étaient pas disposés à le faire, vraisemblablement parce qu'eux-mêmes n'avaient pas obtenu ces réponses, ils se vengeaient en ne donnant pas de réponses. Mais avais-je aussi un intérêt réel à connaître mon origine, donc un intérêt réel à rechercher ces dépositaires de secrets qui se sont réfugiés dans la mort, qui se sont dissous à la fin de leur vie, complètement dissous sans leurs énigmes avec lesquelles, couché ici, je me livrais à mon dévergondage spéculatif ? Je l'ignore. Les questions subsistaient, elles se multipliaient avec le temps, avec la maladresse de mon existence, avec ma volonté de connaissance. Mettre à l'épreuve le fait d'être ici sans rien savoir de ses fondements ? J'existais, pour une grande partie de mon existence, du fait que je ne savais rien, non du fait que je ne me doutais de rien. Mais d'où tirais-je mes preuves, les preuves pour ainsi dire juridiquement valides, qui résistaient à ma critique ? Je n'avais jamais cessé d'arriver aux preuves, toute ma vie j'avais été en quête de preuves pour mon existence, avec une intensité un jour plus grande, un jour moins grande mais toujours avec insistance et avec conséquence, cependant si j'avais des preuves de ce genre dans les mains et si je les avais dans la tête, elles n'étaient pourtant pas suffisamment solides, elles se révélaient inutilisables, fallacieuses, elles se révélaient un recul. Je m'occupais naturellement aussi des mobiles qui m'incitaient à arriver à des preuves attestant mon origine, je méprisais par moments la force extrême avec laquelle je voulais absolument avoir ces preuves parce que je savais qu'elles n'étaient pas absolument indispensables, je ne voulais pas être un tribunal, prêt à trancher, à dire le droit là où en tout état de cause je n'avais aucun droit. À la fin de ma curiosité, avais-je pensé, il apparaîtrait une chose dont j'avais tout ignoré jusqu'alors et qui m'expliquerait tout. À observer mes compagnons de maladie qui dormaient et à rechercher mon origine je passais des nuits entières, je m'étais habitué à cette pratique mais je n'en avais pas fait une méthode. Quand je ne pouvais pas et qu'il n'avait tout simplement plus été possible de songer à m'endormir pour quelque raison que ce fût, j'entrais dans le fourré touffu pour l'éclaircir mais il ne s'éclaircissait pas. Je reconnaissais dans l'obscurité du fourré les personnes à leurs habitudes, non à leurs visages que l'on ne pouvait pas voir. Cependant ces personnages de mon histoire n'étaient pas disposés à s'embarquer dans mon jeu, ils avaient percé à jour les mobiles de mon expédition, ils me méprisaient partout où ils me rencontraient et s'esquivaient sur-le-champ. Je m'approchais de mes compagnons de maladie avec prudence, la prudence avec laquelle ils me laissaient m'approcher d'eux, tout comme moi, par pur instinct de conservation, ils tenaient à garder les distances ; même si je participais à leur vie, j'étais quand même l'observateur plus qu'un membre de toute la société qui peuplait cette maison sentant le renfermé. D'un côté il y avait les médecins qui répondaient à ma méfiance par de l'arrogance, de l'inaction, le fonctionnement à vide de leur activité médicale quotidienne, de l'autre il y avait les malades qui ne me reconnaissaient pas comme faisant partie d'entre eux, qui ne pouvaient pas me reconnaître, ils avaient été incapables de me percer à jour, je n'avais été peut-être après tout pour eux qu'une apparition passagère, dont il n'y avait pas de profit à s'occuper avec plus d'insistance, un numéro sur la liste qui pour eux ne faisait pas le poids, pas un malade à part entière, camarade de mort de leurs pareils. Durant un certain temps je m'étais efforcé d'appartenir à leur société, je n'y arrivais pas, il me fallait de nouveau me tenir à distance, j'étais de nouveau passé dans la réserve. Je n'avais pas leur genre de plaisanterie, leur indifférence, leur bassesse parce que j'avais mon propre genre de plaisanterie, mon indifférence, ma bassesse, la perversité bien à moi par laquelle je m'excluais a priori de leur société. La décision avait été prononcée depuis très longtemps, je m'étais décidé pour la distance, pour la résistance, pour mon départ, tout simplement pour le retour à la santé, après m'être abandonné un certain temps à leur supériorité écrasante. Ma volonté d'existence était plus grande que ma disposition au trépas, donc je n'appartenais pas à leur société. Cela ne veut pas dire que le cours des journées, dans son aspect superficiel, n'ait pas montré l'image de mon appartenance à leur société, je me manifestais extérieurement comme eux, je faisais ce qu'ils faisaient, je me déplaçais comme eux, le plus discrètement possible. Mais ma résistance ne leur avait pas échappé et aux médecins non plus, cela naturellement me causait toujours des difficultés, j'étais dans tous les cas toujours l'esprit de contradiction dont il était difficile de venir à bout, les médecins me faisaient sentir leur froideur, les malades leur mépris. J'étais le chat échaudé qui ne s'adaptait ni ne se soumettait plus sans réfléchir à l'ordre régnant et qui ne le faisait que pour des raisons de commodité. J'écoutais leurs histoires qui étaient seulement des histoires de souffrances comme toutes les histoires, comme l'histoire entière, je partageais les repas avec eux, je faisais la queue avec eux devant la salle de radiographie, je jouais des coudes avec eux pour entrer dans la salle de soins, j'étais assis avec eux au déjeuner, j'étais allongé avec eux dans l'aérium, je m'emportais avec eux contre les médecins et contre le monde entier et je portais leur habillement. J'avais dans les mains les insignes de la maison : le crachoir et la feuille de température. Ce n'était pas parce que j'étais catholique que j'allais à la chapelle les dimanches mais parce que je n'étais pas seulement devenu un être qui aime la musique mais un fou de musique qui avait toujours le dessein de faire de la musique le signe suprême attestant la justification de son existence et sa seule vraie passion, le complexe de sa vie. Ainsi, ces dimanches, debout à côté de l'harmonium sur lequel jouait mon ami chef d'orchestre, je chantais une messe de Schubert. Les dimanches, à six heures du matin, une dizaine ou une douzaine de malades se rassemblaient ici pour chanter dans leurs robes de chambre, leurs pull-overs râpés de laine bon marché et chantaient avec la ferveur de l'amateur la messe de Schubert à la gloire et en l'honneur du Dieu éternel. Trois ou quatre sœurs de la Sainte Croix stimulaient ces pauvres voix sortant de gorges amaigries et tremblantes, les poussaient dans le Kyrie et continuaient ainsi, inflexiblement et inexorablement, tout le long de la Messe jusqu'à l'Agnus Dei où le plus haut degré d'épuisement était alors atteint. Celui qui chantait ici avait la faveur des sœurs infirmières, il était avant les autres, en possession d'une couverture plus chaude, il pouvait espérer obtenir un drap en meilleur état avant les autres, une place à la fenêtre d'où l'on avait une meilleure vue. A la fin : *Grand Dieu nous chantons ta louange*, toujours avec la plus grande intensité possible, sortant de toutes ces gorges rongées, croassantes. J'étais là, chantant avec les autres, criant avec les autres, croassant avec les autres et j'avais mon regard dirigé sur ces têtes branlantes, transpirantes, haussées par des cous gris et maigres comme par des carcans. Derrière moi j'avais sur le mur les faire-part de décès des morts, devant moi les chanteurs vivants. Ils chantaient jusqu'à ce que leurs noms soient collés derrière moi sur le mur, pensais-je. Alors arrivent de nouveaux chanteurs et ainsi de suite. Moi-même je me défendais contre le fait que mon nom soit un jour collé sur ce mur, encadré de noir. Je ne chanterai pas ici jusque-là, avais-je pensé. Déjà je regrettais de m'être présenté pour le service du chœur de la chapelle, je ne voulais plus aller à la messe mais c'était déjà trop tard. J'en aurais ressenti les conséquences de la part des sœurs de la Sainte Croix, ainsi je continuai à chanter chaque dimanche, toujours la même messe de Schubert, jusqu'à ce que je n'aie plus pu l'entendre, tout en me défendant constamment contre la pensée que mon nom sera collé ici sur le mur. N'avais-je pas encore chanté le dimanche précédent l'Agnus Dei avec celui dont le nom était déjà collé derrière moi sur le mur ? Le nom du *Père Oeggl*, avec qui, il y a encore quelques jours, dans le jardin derrière le bâtiment principal j'avais eu une conversation sur le fonctionnement du phonographe, était à présent sur le mur, dans toute sa splendeur, imprimé en caractères gras, deux palmes croisées au-dessus de lui. Tu chantes dans le chœur jusqu'à ce que tu abandonnes ta fonction, ton nom est collé sur le mur un certain temps, puis un jour pas très éloigné, il est remplacé par un nouveau nom. Ils criaient : *Grand Dieu nous chantons ta louange* et se dissolvaient en une feuille de papier imprimée sans aucun goût, ils tenaient par une punaise. À la fin de la messe, cette société de la chapelle était secouée d'un immense accès de toux général, dont les sœurs de la Sainte Croix s'éloignaient à pas rapides. Les chanteurs se glissaient le long des murs jusqu'à la cage d'escalier et se hissaient à grand effort jusqu'au réfectoire, gravissant les escaliers marche par marche, pour prendre le petit déjeuner ; à présent l'odeur de café dominait tout. Après le petit déjeuner, équipée du crachoir et de la feuille de température, la colonne fatiguée se dirigeait le long des couloirs vers l'aérium pour s'y installer totalement épuisée dès le début de la matinée. Le froid montant d'en bas s'insinuait par les fentes des planches, arrivant de front, il coupait directement les visages. Condamnés à l'inaction tous s'abandonnaient à une torpeur apathique excepté mon ami chef d'orchestre qui, sur ses jambes ramenées vers la poitrine, avait toujours un extrait de partition pour piano qu'il annotait fiévreusement, il travaillait à sa carrière, il se préparait sans arrêt à la liberté, aux salles de concert qui l'accueilleraient, aux opéras, maintes fois je le regardais de côté battre la mesure à la façon des chefs d'orchestre, cela m'amusait. Ses compagnons de souffrance l'observaient avec suspicion, les médecins faisaient sur lui des remarques sans le moindre tact en le voyant étudier à l'aérium, je m'accrochais à l'image que me montrait mon ami chef d'orchestre, à son attitude optimiste, au oui absolu qu'il disait à l'existence, ce chemin est aussi un chemin pour moi, avais-je pensé, j'ai ici un modèle. Tous étaient étendus ici, apathiques et perdus dans leur rêverie, ils râlaient et crachaient, avaient accepté la léthargie qui conduit à la mort, mon ami chef d'orchestre se défendait, agissait à l'opposé, je me piquais de l'égaler. Il crachait, moi aussi je crachais mais je crachais moins et nous n'étions pas positifs. Un jour, mon ami chef d'orchestre était sorti de l'hôpital, j'étais de nouveau seul. *Sorti guéri*, quelle expression ! Quelle affirmation ! Il me fallait suivre mes chemins tout seul, mes phrases ne trouvaient plus de contrepartie, je parlais, mais je restais sans réponse. J'étais rejeté au point de départ, le fil qui m'avait relié à l'art, oui, même à la science, était rompu. *Sorti guéri*, cela n'arrivait presque jamais mais à présent j'avais aussi l'espoir de sortir guéri. Cet homme était mon modèle, l'homme qui est tendu vers le départ, le possédé par l'existence, l'artiste, celui qui veut aller plus loin ! Effectivement mon ombre diminuait et même, tout à coup, elle cessa absolument d'être là. L'assistant m'annonça que j'étais guéri, je pouvais m'en aller, *ici* il n'y avait plus de place pour moi. J'avais tiré le gros lot ! Cependant ce tirage m'avait-il arrangé ? Je n'arrivais à aucun résultat vraiment clair. Je passai encore quelques jours dans l'établissement, je constatai que j'y avais été neuf mois. Je m'étais habitué à Grafenhof. Qu'est-ce qui m'attendait chez moi ? L'état de ma mère était inchangé, le désespoir des miens était encore plus grand.

Mon retour à la maison ne me donnait pas de joie véritable, il ne pouvait pas me donner de la joie, *naturellement pas.* J'étais absolument indésirable, bien entendu. L'agonie de ma mère approchait de son point culminant, pour moi on n'avait pas de temps. Si j'avais dans mon souvenir l'état de la famille comme un état catastrophique, à présent tout était encore pire, tous étaient proches de l'effondrement. Le langage est inutilisable quand il s'agit de dire la vérité, de communiquer quelque chose, il ne laisse que l'approche à celui qui écrit, ne lui laisse toujours que l'approche désespérée de l'objet, qui doute toujours d'arriver, ce qui la rend tout simplement douteuse, le langage ne reproduit qu'une authenticité falsifiée, que la chose affreusement déformée, quels que soient les efforts de celui qui écrit ; les mots abaissent tout vers le sol, déplacent tout et font un mensonge de la vérité totale sur le papier. De nouveau j'avais fait un voyage qui me conduisait en sens opposé dans un enfer. Le tuberculeux qui sort du sanatorium, même quand il en est sorti guéri, a l'obligation de se faire examiner par le médecin du service de santé dont il relève, de porter son expectoration dans un laboratoire, j'avais été en premier lieu au laboratoire avec mon expectoration. Quand j'allai chercher mon résultat d'analyse, on me dit que j'étais contagieux, j'avais une *tuberculose à cavernes*, je devais aller immédiatement à l'hôpital, il fallait tout de suite *m'isoler*, dirent les laborantines, une erreur était exclue. Deux jours après être *sorti guéri* de Grafenhof, j'avais à présent la *tuberculose pulmonaire à cavernes*, donc la cavité, la caverne redoutée dont j'avais toujours eu la plus grande crainte. Je rentrai à la maison et annonçai que je souffrais d'une *tuberculose à cavernes* et qu'il me fallait aller aussitôt à l'hôpital. Ma communication n'avait pas pu avoir l'effet qui eût été logique, je ne pouvais naturellement être qu'un problème en marge, c'était ma mère qui était la malade, ce n'était pas moi. Après le repas avec ma grand-mère et mon tuteur, que nous avions pris dans le coin-refuge de l'appartement : la cuisine, on avait aussitôt fait bouillir mon couvert et, muni de quelques affaires nécessaires que je tenais sous le bras, j'allai à l'hôpital. À ma mère on ne dit pas la vérité, ainsi avait-il été décidé. À l'hôpital je pouvais aller à pied, il n'y avait que quelques centaines de mètres. Le service de pneumologie était logé dans plusieurs baraques et, déjà de loin, il était reconnaissable à l'odeur fétide qui s'échappait de ces baraques, ici une série de cancéreux du poumon étaient couchés, fenêtres et portes ouvertes, une affreuse puanteur était dans l'air. Mais à cette puanteur je m'accoutumai. On me posa un *pneumo*, un pneumothorax, et, quelques jours après, je sortis de nouveau de l'hôpital en étant avisé que je devais aller *sans délai* à Grafenhof. Mon départ traîna en longueur et il me fallut rester plusieurs semaines à la maison, durant ce temps, à des intervalles déterminés, environ chaque semaine, je dus me faire insuffler de l'air dans mon pneumo, chez le phtisiologue le plus connu de la ville, dans la Paris-Lodron-Strasse, la deuxième maison à droite. Le patient s'étend sur la table d'examen du cabinet de consultation et, par un tuyau de petit diamètre, on lui insuffle de l'air entre le diaphragme et le poumon, le poumon malade : la cavité est ainsi comprimée pour qu'elle se ferme et se cicatrise. J'avais déjà souvent vu cette cérémonie, elle est seulement douloureuse au début puis le patient s'y habitue et la ressent comme une chose évidente, elle devient pour lui une habitude, il est vrai elle lui inspire toujours de la crainte mais à la fin de la cérémonie cette crainte se révèle sans fondement. Pas toujours sans fondement, comme je devais bientôt l'expérimenter. Un jour, ce médecin considéré, qui était même professeur, procéda à l'insufflation et s'en alla au téléphone au beau milieu de l'insufflation pendant que j'étais étendu sur la table d'examen et que j'avais le tuyau dans la poitrine. Il se renseignait sur le menu du déjeuner auprès de sa cuisinière et exprimait ses désirs. Après avoir longuement balancé au sujet de la ciboulette et du beurre, réfléchi s'il voulait ou non des pommes de terre, le professeur termina le débat et condescendit à revenir vers son patient étendu sur la table d'examen du cabinet de consultation. Il m'insuffla encore une certaine quantité d'air puis m'invita comme à l'ordinaire à me placer derrière l'écran de radioscopie, c'est seulement ainsi qu'il pouvait constater comment l'air s'était réparti dans ma poitrine. Naturellement il était toujours pénible de se lever et ce n'était pas sans douleur, cela ne se fit qu'avec lenteur et je me plaçai derrière l'écran de radioscopie. Cependant à peine m'étais-je mis dans la position désirée, je fus pris d'un accès de toux et je m'évanouis. J'avais encore entendu le professeur dire : *Mon Dieu, j'ai posé un second pneumo*, puis je me retrouvai sur un divan dans le coin. Mon évanouissement ne pouvait pas avoir duré longtemps, j'entendis l'assistante de la consultation renvoyer les gens assis dans le salon d'attente. Après que tous ceux qui attendaient furent dehors je fus seul avec le professeur et son assistante. Je ne pouvais pas bouger sans déchaîner en moi un affreux accès de toux, d'autre part je n'avais presque pas reçu d'air. J'avais peur de devoir mourir et je pensais que c'était quand même terrible de devoir mourir juste ici dans ce cabinet de consultation sombre, sentant le renfermé, affreusement froid et vieillot, sans un être humain qui fût quelque chose pour moi, sous les regards épouvantés et les gestes les plus terrifiants de mes tortionnaires amateurs. Non content de cette mimique, le professeur s'était agenouillé devant moi en disant les mains jointes : *Qu'est-ce que je dois faire de vous ?* C'est la vérité. J'ignore combien je suis resté couché dans cet état sur le divan. En tout cas je recouvrai soudain la possibilité de me lever et de quitter le cabinet de consultation et, contre la résistance du médecin et de son assistante qui avaient tous les deux donné une complète impression à la fois de détresse et de terreur, je descendis en courant les trois étages de la maison du médecin pour aller au grand air. Une reconstruction ultérieure de cet événement a fait apparaître qu'en bas dans la rue je suis même monté dans un trolleybus, comme on appelle ces autobus, pour rentrer à la maison. Là j'ai dû retomber en syncope, je l'ignore, c'est ce que m'ont rapporté les miens qui m'ont aussitôt transporté à l'hôpital, dans la baraque de pneumologie que j'avais déjà découverte il y a quelques semaines et qu'ainsi je connaissais bien. Aussitôt le professeur avait surgi à l'hôpital et m'avait expliqué qu'il ne *s'était rien passé d'anormal.* Il le répétait sans arrêt en appuyant sur les mots, excité et avec un regard méchant dirigé vers moi, ce n'était rien d'autre qu'une menace. Maintenant, mon pneumo tout nouvellement posé était bousillé (la cause en avait été la querelle du professeur à propos de son menu !) et il fallait trouver quelque chose de nouveau. On me poserait ce qu'on appelle un *pneumopéritoine*, dans lequel on insuffle de l'air au-dessus du nombril, au milieu du corps, et qui relève à la fois les deux poumons, un procédé unique alors, une réalisation encore à peine expérimentée, dont je n'avais encore pas entendu souffler mot même à Grafenhof. Par un appel téléphonique ridicule, le professeur m'avait massacré mon pneumo et mis dans une situation de toute façon très dangereuse. Cependant le pneumopéritoine ne peut être posé que si le diaphragme est préalablement immobilisé pour quelque temps, au moins pour des années. À cette fin on a toujours sectionné le nerf appelé nerf phrénique, ce qui exigeait une opération, une incision au-dessus de la clavicule sans qu'on vous endorme car pendant l'intervention la possibilité de communication entre le chirurgien et le patient doit être garantie. Dès les prochains jours on procéderait à l'opération du nerf phrénique, il s'agissait d'une *constriction*, pas d'un sectionnement du nerf phrénique, la constriction était la dernière nouveauté, encore à peine utilisée, le nerf phrénique était seulement étranglé, le diaphragme immobilisé pour des années, mais il reprenait ensuite son activité à la différence du nerf phrénique radicalement et totalement sectionné, pratique qui avait été appliquée jusqu'à présent. Cette intervention n'était rien du tout, me dit-on, ce n'était pas une opération, seulement une intervention, une bagatelle du point de vue médical. C'était lui-même qui procéderait à cette opération, décida le chef de service. Avec effroi, j'avais constaté entre-temps qu'il s'agissait du même chef de service qui avait confondu avec une tumeur la vessie obstruée, archipleine de mon grand-père et qui avait ainsi sa mort sur la conscience. Quelques mois après cette faute professionnelle venaient seulement de s'écouler mais je n'avais pas d'autre choix que de dire amen à tout ce qui allait advenir, et devait advenir de moi. En réalité je n'avais naturellement pas la moindre idée de la chirurgie pulmonaire, d'ailleurs, d'où aurais-je pu l'avoir ? et je devais me plier à tout ce qu'on avait à présent l'intention de me faire. J'acceptai tout avec le calme de celui qui a été commotionné et épouvanté. Ici également, dans la baraque de pneumologie, j'étais logé dans une grande salle où il y avait au moins une douzaine de lits, les mêmes lits de fer que je connaissais déjà de mon premier séjour à l'hôpital dans le service des maladies internes. Ici je connaissais déjà tout, je devais seulement commencer à pénétrer les cruelles spécialités de la chirurgie pulmonaire. Ici j'avais la meilleure occasion pour le faire. Les baraques provenant de la guerre étaient complètement isolées du reste des bâtiments de l'hôpital appelé hôpital régional, elles étaient dans un état d'abandon, dans les couloirs où l'on ne pouvait aller qu'en mettant un linge sur les narines parce que la puanteur des cancéreux avait été tellement pénétrante qu'il était impossible de la respirer directement, les rats n'avaient rien d'exceptionnel, mais à ces animaux gras, filant sur le sol comme un éclair, on s'était également vite accoutumé. Je sais encore qu'on me coucha, par bonheur, près d'une grande fenêtre qui était presque toujours ouverte, à côté d'un jeune homme qui, peu de temps auparavant, avait été coureur cycliste, à présent il était couché dans son lit, le poumon détruit, et suivait jour et nuit le développement des fissures dans le plafond de la baraque. Il avait couru plusieurs courses internationales, à la dernière il s'était effondré et on l'avait hospitalisé. Il ne pouvait pas croire qu'il avait une grave affection pulmonaire et touchait à sa fin car, il y avait encore des semaines, n'avait-il pas été un sportif hautement célébré, un as du sport, comme on les appelle ? Il était natif de Hallein. Les membres de sa famille venaient lui rendre visite et suivaient décontenancés sa triste évolution. Je n'avais pas l'intention d'ôter ses illusions à ce jeune homme, j'étais décidé à lui cacher mes connaissances. Il avait cru pouvoir bientôt quitter l'hôpital mais la vérité s'était révélée terrible : d'une opération pour laquelle on était venu le chercher un matin, il ne revint plus. Je vois encore sa mère faire un paquet des menues affaires qu'il avait laissées dans sa table de nuit. Comme mon intervention avait été différée de quelques jours, j'avais le temps d'explorer à fond le périmètre de l'hôpital, j'avais, il est vrai, déjà été des semaines dans cet hôpital sans m'y retrouver ; ayant gardé le lit dans l'environnement toujours le même de la grande salle des maladies internes, en dehors des parties de ce service, je n'avais rien vu, à présent j'inspectai l'hôpital tout entier. Il était évident que j'allai voir le service où mon grand-père avait été hospitalisé et où il était décédé en février. Je pénétrai dans l'aile de la chirurgie, où était le chef de service, avec la plus grande aversion contre l'art médical et plein de haine contre tous les médecins. Ici, dans ce couloir sombre et étroit, un jour le chirurgien-chef s'était avancé vers ma grand-mère en lui faisant l'aveu qu'il s'était trompé, *la tumeur dans le ventre* avait été en réalité la vessie obstruée, remplie à éclater qui avait causé à mon grand-père un empoisonnement mortel. Je quittai l'aile de la chirurgie et j'entrai dans le service des femmes, le service gynécologique comme on l'appelle, où l'on avait pratiqué à ma mère l'ablation de la matrice, avec un an de retard. J'étais trop déprimé pour m'engager dans de plus amples explorations de cette citadelle médicale délabrée, je me couchai dans mon lit et, dormant et prenant peu de nourriture, je ne fis plus qu'attendre le moment qui avait été déterminé pour pratiquer la constriction de mon nerf phrénique. Certes, jusqu'à cette intervention j'avais déjà été très souvent tourmenté par les médecins mais jamais *opéré*, je contemplai à présent les événements autour de moi avec une solennité accrue après qu'au petit matin on m'eut administré la piqûre dite tranquillisante, dans la bouche populaire la piqûre qui vous fait *vous ficher de tout*, je me vis soulevé de mon lit, étendu sur le chariot et roulé hors de la baraque et dans l'aile de la chirurgie. La piqûre a pour effet que le sujet insensibilisé en l'espace de secondes, de victime possédée d'angoisse qu'il était, devient l'observateur intéressé d'un spectacle qui se déroule très calmement et dans lequel, comme il croit le penser, il joue le rôle principal. Tout devient facile et agréable et tout se passe dans la plus grande confiance et dans la plus grande confiance en *soi-même*, les bruits sont de la musique, les paroles qu'entend le sujet insensibilisé sont tranquillisantes, tout est sans complication, gracieusement accordé. La crainte, toute attitude de défense sont éliminées, le sujet insensible a échangé la réserve extrême contre l'indifférence extrême. La salle d'opération n'éveille plus qu'un intérêt accru pour ce que les médecins et les infirmières y pratiquent, elle jouit de la plus entière confiance. Il règne un calme et une douceur infinis, même ce qui est le plus immédiatement rapproché s'est éloigné à une très grande distance. La victime, déjà couchée sur la table d'opération, perçoit tout avec la plus grande tranquillité, elle se sent bien, elle essaie de lever les regards sur les visages au-dessus de lui mais ces visages s'estompent, les voix, le cliquetis des instruments, le sujet couché sur la table d'opération les entend, il y a un bruit d'eau qui coule. Je pense : maintenant je suis attaché. Le chirurgien donne ses ordres. Deux infirmières, à ce que je suppose, debout derrière moi, me tiennent les mains pour me prendre le pouls. Le chirurgien-chef dit une fois : *respirez*, puis : *ne respirez pas*, puis de nouveau : *respirez*, puis de nouveau : *ne respirez pas*, je peux suivre ses ordres : je sais : à présent il a fait l'incision, à présent il écarte les chairs, on écarte et on clampe les artères, il racle la clavicule, incise encore plus profondément, il veut ceci et cela, il jette une chose, on lui donne une autre chose, le même calme infini qu'au début continue à régner, j'entends de nouveau : *inspirez, ne respirez pas, inspirez, expirez lentement, inspirez, conservez l'air, expirez, recommencez à respirer normalement.* Je n'entends que le chef de service, je n'entends rien qui vient des infirmières, puis de nouveau : *inspirez, expirez, conservez l'air, expirez, inspirez*, je me suis habitué à ces ordres, je veux les exécuter correctement, j'y réussis. Soudain je m'affaiblis, je m'affaiblis encore plus, tout à fait subitement il me semble que mon sang s'écoule de mon corps, complètement, au même instant les infirmières me lâchent les poignets, mes bras retombent et j'entends le chef de service dire : *Jésus Maria !* Des instruments tombent par terre, des appareils cliquettent. Je pense : à présent je suis en train de mourir, c'est fini. Puis je recommence à sentir un tiraillement et une traction à mon épaule, tout cela amorti, pas douloureux, je peux de nouveau respirer, je le sais maintenant : ma respiration s'était arrêtée un moment, je suis de nouveau là, je remonte la pente, je suis sauvé. J'entends : *respirez calmement, respirez très calmement,* puis de nouveau : *expirez, retenez votre souffle, expirez, inspirez, expirez.* Alors l'opération se termine. On défait les sangles de mes poignets, on me soulève, avec précaution, très lentement, j'entends de nouveau le chef de service prononcer son : *calmement, très calmement,* on libère mes jambes de leurs attaches, et elles pendent alors vers le sol comme je le vois, je ne le vois qu'un instant tandis que les deux infirmières me relèvent le buste. À la plaie ouverte que je ne peux pas voir, une foule de pinces pendent sur ma poitrine, on pousse vers moi le stérilisateur. Puis on me recouche, un linge recouvre mon visage, si bien que je ne peux rien voir, on coud la plaie. Sur le sol j'avais vu du sang, par litres, une foule de morceaux de gaze et d'ouate imprégnés de sang. Que s'était-il passé ? Il *s'était passé* quelque chose. Mais je m'en suis tiré, telle fut ma pensée. On m'ôte le linge du visage, on m'étend sur un chariot et on me retransporte dans la baraque des malades pulmonaires dans un état de demi-sommeil, je ne pouvais voir que des ombres, je ne pouvais pas parvenir à identifier une seule perception. Je pense : l'opération est finie, je suis dans mon lit près de la fenêtre, je m'endors. Peu après mon éveil, le chef de service apparut, une demi-journée était passée, c'était l'heure de midi ; il dit que cela avait bien marché, qu'il ne s'était rien passé, il avait formellement appuyé sur le mot *rien*, ce *rien* je l'entends encore aujourd'hui. Cependant, pensais-je, il *était arrivé* quelque chose, je le pense encore aujourd'hui. Mais je m'en étais tiré, j'avais surmonté ma première opération, mon nerf phrénique était étranglé, on put poser le pneumopéritoine une semaine après, car la plaie avait guéri rapidement contre mon attente car jusqu'à présent j'avais toujours observé que chez moi les plaies ouvertes ne guérissaient que lentement et seulement dans les circonstances les plus difficiles. Maintenant on allait me piquer au milieu de l'abdomen, deux doigts au-dessus du nombril et on allait gonfler d'air cet abdomen autant qu'il était possible pour que mes poumons puissent être comprimés et que ma cavité au bas du poumon droit puisse se fermer. Je ne peux pas dire que j'aie été bien préparé à ce fait, soudain j'eus peur du pneumopéritoine. Je me le fis expliquer par le médecin-chef qui devait me poser le pneumopéritoine, l'explication fut aussi simple que l'explication du gonflage d'un pneu de bicyclette, elle avait d'ailleurs été donnée d'un ton tout à fait habituel, sans aucun pathétique, comme les médecins-chefs parlent des choses effrayantes et inquiétantes, qui pour eux ne sont que du quotidien. Le médecin-chef m'avait dit aussi qu'au moment présent il n'y avait dans toute l'Autriche que quelques-uns de ces pneumopéritoines, du reste il n'en avait lui-même posé que trois, cela ne lui avait causé aucune espèce de difficulté, c'était extrêmement simple. J'étais dans mon lit près de la fenêtre, observant la plaie au-dessus de ma clavicule et constatant qu'elle se fermait relativement vite. Comme ils n'avaient pas beaucoup de chemin à faire, les miens me rendaient visite, y compris mes frère et sœur, et ils me parlaient de l'agonie de ma mère, sa fin allait et n'allait pas bientôt arriver, ils souhaitaient sa mort, ils ne pouvaient pas endurer ses souffrances, ma mère elle-même aspirait à sa mort plus qu'à rien d'autre. Je disais bonjour à ma mère, ma mère me faisait dire bonjour ; dans quelle situation affreuse les miens se trouvaient alors, je n'en avais absolument pas pris conscience ; ils quittaient ma mère à l'article de la mort pour venir me voir dans la baraque des maladies pulmonaires et inversement. Qu'en même temps ils étaient arrivés au bord de la ruine, je ne pus apercevoir ce fait que plus tard, dans toute son étendue. Pour que j'aie une diversion dans la baraque des maladies pulmonaires ils m'avaient apporté un gros livre, malheureusement : *Les Quarante Jours du Musa Dagh*[1]

1. Récit d'un épisode de la résistance arménienne lors du transfert de

de Werfel, j'essayai de lire ce livre mais il m'ennuyait, je me surpris à avoir lu plusieurs pages sans savoir ce que j'avais lu, cela ne m'avait pas intéressé le moins du monde. Le livre était d'ailleurs trop lourd pour moi, j'avais été trop faible pour le tenir. Ainsi il se couvrit de poussière sur ma table de nuit. La plupart du temps, muet et immobile, je contemplais le plafond de la salle avec un intérêt croissant et je mettais à profit mon imagination. À la fin, il y aura encore une fois Grafenhof, pensais-je, mais alors j'y retournerai dans des conditions entièrement différentes, comme *effectivement poitrinaire, positif, y ayant ma place.* J'essayai de me rendre compte de ma situation. À Grafenhof, ils n'avaient encore jamais eu un pneumopéritoine, cela, je le savais, je reviendrai au sanatorium avec une spécialité, avec quelque chose qui fera sensation. Ma seconde apparition sur la scène de Grafenhof sera dans tous les cas tout à fait différente de ma première. Je m'imaginais mon retour à Grafenhof, les yeux qu'ils feraient et comment ils réagiraient à ma présence, les malades aussi bien que les médecins. Ils s'étaient trompés et, de ce fait, m'avaient trompé et m'avaient renvoyé du sanatorium comme guéri, alors que j'avais eu une maladie mortelle. Comment me regarderont-ils en face, que diront-ils ? Je me demandais comment je me comporterai. Je tenterai ma

population, accompagné de massacres, ordonné par le gouvernement turc en 1915-16. *(N.d.T.)*

chance. Avec moi, tous les médecins n'avaient-ils pas failli à leur tâche ? J'étais livré à leur bon plaisir. Ils voyaient toujours quelque chose mais ce n'était pas la chose qu'il fallait voir. Ils voyaient quelque chose qui n'existait absolument pas. Ils ne voyaient rien bien qu'il y eût quelque chose et inversement. Quand les miens me rendaient visite, tout le temps de la visite ils avaient leurs mouchoirs devant le nez et la bouche et, dans ces circonstances, il était difficile d'avoir un entretien avec eux. En quoi consistait cet entretien ? *Comment vas-tu ?* demandaient-ils. *Comment va ma mère ?* demandais-je. Dans sa tombe fraîchement creusée au cimetière de Maxglan, mon grand-père, à qui l'Église catholique avait d'abord refusé la disposition d'une tombe et qui avait été inhumé ensuite dans une sépulture d'honneur de la ville, mon grand-père ne devait pas être mentionné, interpeller la mort, la chose définitive, la fin, nous n'en avions pas l'audace. Par une matinée grise et orageuse je passai en face, dans l'aile de la chirurgie, où le médecin-chef m'attendait. Il était lourd, de forte carrure, il avait de grandes mains. Il était seul, sans assistance. Il fallut que je me couche sur le dos et que j'attende. Le médecin-chef me badigeonna le ventre au-dessus du nombril puis sans avertissement il se jeta sur moi de tout son poids, dans cet élan, d'un seul coup, rapide comme l'éclair, il avait perforé la paroi abdominale. Il me regarda l'air satisfait en murmurant *réussi* et j'entendis l'air entrer à flots dans mon corps jusqu'à ce qu'il n'y ait plus de place. Naturellement après que cette cérémonie se fut achevée j'avais été incapable de me lever, on m'étendit sur un chariot et une infirmière me reconduisit dans la baraque des maladies pulmonaires. Sous la date de la pose de mon pneumopéritoine, il y avait écrit : *Pneumopéré* ! Avec cela aussi, j'en avais terminé. Avoir un pneumopéritoine était quelque chose d'extraordinaire, quelque chose de tout à fait particulier et je me sentais comme cela, moi aussi ; à qui voulait le savoir, j'expliquais ce qu'est un pneumopéritoine et comment on le pose et quelles préparations sont nécessaires à cet effet. Sur son efficacité j'étais également renseigné, les dangers aussi, je les connaissais. Après qu'on m'eut gonflé, l'air insufflé se pressait et se frayait un passage à l'intérieur de mon corps, partout où il le pouvait, il me montait sous la peau jusque dans la gorge et sous le menton, je croyais que j'allais certainement éclater, je sentais qu'on avait abusé de ma bonne foi, je me sentais un sujet d'expérience avec lequel on avait commis une nouvelle duperie. Immobile et muet, je recevais les miens et j'étais incapable de parler. Ils me quittaient plus déprimés qu'ils étaient venus. J'avais écouté le récit de l'état de ma mère qu'ils me faisaient et je n'avais pas réagi, ils avaient tourné les talons et étaient partis. Tous les quinze jours environ, on me perforait la paroi abdominale ; régulièrement, selon des calculs précis des quantités d'air, on me gonflait, toujours de la même façon désagréable, car ayant pu, il est vrai, aller à pied au gonflage, je devais être ramené avec le chariot. Lors de ces retours par les couloirs de la baraque des maladies pulmonaires, je m'étais cependant toutes les fois estimé heureux d'avoir *seulement* un pneumopéritoine, *seulement* une cavité au poumon, *seulement* une tuberculose contagieuse et non un cancer du poumon, comme les malades couchés dans les salles aux portes ouvertes que j'avais pu voir en passant quand on me ramenait, ils gémissaient tout bas jusqu'à ce qu'ils s'éteignent dans leurs lits ; une fois délivrés, ils passaient devant nous sur les chariots portant les cercueils de zinc tristement célèbres, c'était un spectacle quotidien. Ce n'était pas dans un pareil environnement que ma mère devait mourir, avais-je pensé, et je m'estimais heureux qu'elle fût à la maison. Si cela se peut, les malades à l'article de la mort doivent être chez eux, mourir chez eux, surtout pas dans un hôpital, surtout pas parmi leurs semblables, il n'y a pas de chose plus affreuse. Je n'oublierai jamais, quand il s'agit de mon tuteur, qu'en association avec ma grand-mère il a soigné ma mère à la maison jusqu'à sa mort. Les baraques avaient été construites pendant la guerre et depuis très longtemps elles étaient dans un état d'abandon absolu, on n'y avait plus rien rénové, pour les poitrinaires, ces êtres rejetés avec leur expectoration mortelle, elles faisaient bien l'affaire à ce qu'il semblait, elles étaient redoutées, personne n'y pénétrait volontairement, une barrière clôturait le chemin qui allait de l'hôpital général au service de pneumologie, de nouveau, partout l'inscription : *Accès interdit* !

l'emplacement des baraques était bien choisi, elles étaient à l'écart, au fond de toutes les installations de l'hôpital. Par les fenêtres ouvertes on pouvait entendre de loin le trafic de la rue. À moins de cinquante mètres de ma baraque passait la rue par laquelle, il y a encore un an, j'avais été chez Podlaha dans la cité de Scherzhauserfeld, ma rue d'apprenti. Je n'avais alors absolument pas remarqué ces baraques cachées derrière les buissons le long de la rue, elles ne m'avaient jamais frappé, j'avais d'ailleurs toujours descendu ce bout de rue en courant très vite pour ne pas arriver en retard au magasin. J'avais la nostalgie du magasin de Podlaha, de la cité de Scherzauserfeld et de ses habitants, eux tous ignoraient tout de l'évolution de ma vie. Quant à Podlaha, je l'avais seulement informé brièvement de ma réussite au certificat d'aptitude à la profession de commis de magasin sur une carte postale où il y avait *cordiales salutations.* Je ne l'avais plus vu. Il m'avait certainement rayé de son personnel ; d'un poitrinaire, il ne pouvait plus avoir besoin, j'aurais chassé sa clientèle et en outre je l'aurais fait entrer en conflit avec la loi. À quoi avait servi mon évasion du lycée, à quoi mes résistances contre ma famille et l'école et contre tout ce qui était en relation avec la famille et l'école, à quoi mon aversion pour la société normale qui se plie aveuglément à la stupidité ? Qu'avais-je tiré de mon demi-tour dans la Reichenhallerstrasse ? J'étais rejeté à tous égards comme si le monde entier s'était conjuré contre moi, contre nous tous qui après la guerre avions cru pouvoir nous cacher dans la petite bourgeoisie de la Radetzkystrasse ? Mon évasion du lycée, ma place d'apprenti, mes études musicales, je voyais ces signes de ma désobéissance lentement amplifiés jusqu'à la folie et la mégalomanie grotesque. J'avais voulu chanter le rôle de Iago et j'étais à présent couché dans la baraque des maladies pulmonaires avec un pneumopéritoine alors que j'avais dix-huit ans, ce ne pouvait être que pour tourner ma personne en dérision. Cependant, à la fin des fins, j'avais quand même échappé au sort du coureur cycliste. Et je n'avais pas de cancer du poumon comme ceux auxquels, à seulement dix pas de moi, la douleur *monstrueuse*, au-delà des conceptions de la douleur, faisait souvent pousser des cris la nuit et qui m'empestaient l'air de leur puanteur, j'avais un énorme avantage ; je n'étais pas encore un condamné qui attend la mort, je n'avais pas besoin de me désigner comme un cas désespéré, réglé. Ainsi je ruminais des journées, des semaines entières, et je m'effrayais de la transformation de mon corps, le pneumopéritoine, d'une façon extrêmement sensible, lui avait donné en totalité une apparence peu engageante, quand je me tâtais je ne sentais jamais que l'air sous ma peau, je n'étais plus qu'un unique coussin d'air, sur tout mon corps il était apparu une éruption inconnue de moi, gris rougeâtre, consécutive aux médicaments que je devais absorber depuis si longtemps, qui laissait les médecins sans leur faire aucune impression. On avait continué sans interruption à me traiter à la streptomycine, à présent en quantité correspondant à mon état, l'hôpital régional pouvait se le permettre, ici la seule raison était la nécessité et non le traitement de faveur accordé à mauvais escient comme à Grafenhof, je devais avaler le médicament appelé P.A.S.[1], chaque semaine des centaines de comprimés blanc jaunâtre qu'on plaçait près de mon lit dans des boîtes en contenant des kilos. Ils produisaient un manque d'appétit presque complet. Et je ne sais plus tout ce qu'on m'a encore fait prendre et injecté dans ces semaines et ces mois. Fréquemment je me réveillais au milieu de la journée, quand je m'étais assoupi d'épuisement, effrayé par des pigeons gros et gras qui s'étaient posés sur ma couverture ; je détestais les pigeons, ils avaient de la boue collée sur leurs plumes, ils répandaient une odeur douceâtre et quand ils s'envolaient devant mon visage, ils faisaient tourbillonner la poussière, je les considérais comme mes messagers de mort. Mon grand-père aussi avait détesté les pigeons, il les avait qualifiés de porteurs de maladie. Toute ma vie j'ai trouvé les pigeons laids et balourds, pesamment ils se posaient partout sur les lits des malades et salissaient tout, quand je les chassais, ils me dégoûtaient. Dès que je pus me lever et marcher quelques pas, je risquai un regard dans la salle des cancéreux située le plus près de la mienne et je fus effrayé du fait qu'on fumait dans cette salle. Les

1. Acide para-amino-salicylique, administré pour ses qualités bactéricides dans le traitement de la tuberculose. (*N.d.T.*)

malades à l'article de la mort, n'ayant que la peau sur les os, gagnés par la putréfaction et empuantissant l'atmosphère, étaient cloués dans leurs lits et fumaient des cigarettes; quand la pourriture des malades se mêle à la fumée des cigarettes, il se produit une des odeurs les plus atroces qui existent. En ce moment ils fument, dans quelques jours ils seront partis, poussés au-dehors, ensevelis, pensais-je. Lorsque je voyais les Filles de la Charité déshabiller, laver et rhabiller ceux qui venaient de mourir, comme si c'était une chose évidente, je réfléchissais et je me demandais quel degré d'endurcissement on doit avoir atteint pour exécuter ce travail ou combien l'abnégation et le renoncement à soi-même doivent être grands. Je n'avais pas le courage d'admirer ces héroïnes, j'avais peur de le faire. À la fin d'une vie, la famille rassemble le pantalon du défunt, sa veste, et le linge sale, les met sous le bras et s'en va. C'était toujours la même image mais elle me fascinait comme la première que je vis. Cette image m'avait toujours à la fois attiré, et repoussé, l'intensité absolue de cette contemplation m'avait toujours nouvellement surpris. Une vie, si démesuré que fût le cadre tracé pour elle et si démesurément qu'elle eût la licence ou l'obligation de se développer, la voilà qui, sous les yeux de la famille du défunt, se dissolvait en un tas de chair pourrie, que la peau et les os tiennent encore ensemble. La vie, l'existence ont jeté ce tas de chair pourrie dans un coin qui, pour cette vie et cette existence, a été le dernier, et elles se sont volatilisées. Où ? C'est la question. Couché dans mon lit sur le dos avec mon pneumopéritoine, considéré non seulement par les médecins mais aussi par les malades comme un phénomène médical, boursouflé et, d'une façon générale, de piteuse apparence, j'avais le temps de réfléchir sur tout cela que mes pensées avaient négligé dans ma vie, où jusqu'à présent je n'avais pas osé plonger non plus ma pensée : dans les contextes dans lesquels mes géniteurs ont vécu, dans les propres contextes de ma vie, dans *le grand contexte*, mais comme je l'ai dit, mes efforts ne faisaient qu'agrandir les fourrés impénétrables, j'obscurcissais l'obscurité, je faisais le désert dans le désert. Si je remontais les chemins de mon père, je ne tardais pas à arriver au bout, quelques ramifications, quelques formes vagues, dans le fracas de la tempête ou dans le calme plat total de l'histoire, qui arrivaient sur moi et, dès qu'elles étaient proches de moi, se dissolvaient en néant. Qu'ai-je de *là-bas* ? me demandais-je, qu'ai-je d'*ici* ? D'où ai-je *cette* qualité-*ci* ? d'où *cette* qualité-*là* ? Mes abîmes, ma mélancolie, mon désespoir, mon sens de la musique, mes ruptures sentimentales. D'où ai-je d'une part l'assurance absolue, d'autre part l'affreux sentiment de détresse, la faiblesse de caractère sans équivoque ? De ma méfiance, à présent plus aiguisée que jamais, où est la raison ? Je sais que mon père avait décidé un jour de tout abandonner, de se libérer pour toujours et définitivement, et de s'éloigner de tout ce qui avait été son pays natal qui vraisemblablement lui avait été greffé comme à moi, auquel on lui avait fait croire, ce pays natal posé sur sa tête comme une calotte de fer pour qu'elle l'écrase de son poids, je sais qu'il avait pris la décision de tout abandonner et qu'il a exécuté cette décision avec conséquence. Il mit le feu à la maison de ses parents et la quitta avec rien d'autre que ce qu'il avait sur le dos, en direction : la station de chemin de fer. On dit qu'il avait calculé comment mettre le feu afin qu'il eût la possibilité de voir le feu juste à son maximum : à savoir dans les minutes où le train en marche l'éloignait de son pays natal, la précision de son calcul, comme je le sais, avait été couronnée de succès, il lui fut permis de se repaître du spectacle de la maison de ses parents, sa propriété, incendiée par lui, se consumant dans les flammes. Ce coup d'œil sur la maison de ses parents en flammes avait éteint et effacé (pour lui) non seulement le pays natal mais d'une façon générale la notion de pays natal. On dit qu'il n'avait jamais eu de remords de son action. Il n'a vécu que quarante-trois ans et je ne sais de lui presque rien que cette histoire, je ne l'ai jamais vu. Ma mère est née à Bâle où mon grand-père avait été inscrit à l'université. Ma grand-mère avait suivi de Salzbourg en Suisse l'étudiant qui alors avait en tout des idées socialistes, après qu'elle eut quitté son mari et ses enfants, toute leur vie ils ne s'étaient plus séparés et ne s'étaient mariés qu'après quarante ans de vie et d'existence communes. Ma mère n'avait pas encore un an que mes grands-parents étaient déjà en route en Allemagne, avec le petit enfant, de localité en localité, pour l'amour des idées socialistes. Des allocutions, des manifestations, tel avait été le mot d'ordre (de mon grand-père aussi). Chacun des miens est venu au monde en une autre localité, ce qui démontre plus que toute autre chose leur agitation qui, toute leur vie, a été pour nous aussi nécessaire que caractéristique. Et quand ils voulaient enfin avoir le repos et que ce repos était déjà assuré, que leur repli stratégique dans le repos avait réussi, qu'ils avaient pris possession de ce repos, la maladie et la mort arrivèrent. L'illusion qu'ils s'étaient donnée avait maintenant trouvé sa vengeance. Que de choses avais-je voulu dire à ma mère, que de choses tellement décisives avais-je voulu lui demander, à présent il était trop tard. Elle ne sera plus une mère réceptive à mes questions, à présent elle n'a plus d'oreille pour moi. Nous gardons les questions en réserve parce que nous-mêmes, nous ne faisons que les redouter et tout à coup il est trop tard pour les poser. Nous voulons laisser tranquille celui que nous interrogeons, nous ne voulons pas le blesser *au plus profond de lui-même*, ainsi nous n'interrogeons pas parce que nous voulons nous laisser nous-mêmes tranquilles et ne pas nous blesser *au plus profond de nous-mêmes.* Nous remettons à plus tard les questions décisives en posant continuellement des questions inutiles et basses, des questions ridicules et quand nous posons les questions décisives il est trop tard. Notre vie durant, nous remettons à plus tard les grandes questions jusqu'à ce qu'elles soient devenues une montagne de questions et nous assombrissent. Mais alors il est trop tard. Nous devrions avoir le courage (envers ceux que nous devons interroger comme envers nous-mêmes) de les tourmenter sans ménagements, inexorablement, de questions, nous devrions ne pas les épargner, ne pas *les tromper* en les épargnant. Nous regrettons tout ce que nous n'avons pas demandé quand celui qu'il faut interroger n'a plus d'oreille pour ces questions, quand il est déjà mort. Cependant, eussions-nous posé toutes les questions, aurions-nous une seule réponse ? Nous n'acceptons pas la réponse, nous n'acceptons aucune réponse, nous ne le pouvons pas, nous n'en avons pas le droit, telle est notre disposition affective et intellectuelle, tel est notre ridicule système, tels sont notre existence, notre cauchemar. Je prévoyais déjà comme une évidence ce qui allait arriver sur moi ; la mort de ma mère, j'observais en effet déjà de mes yeux, jusque dans les plus petits détails, les conséquences de sa mort, déjà en moi-même je meublais la scène de son enterrement, j'entendais ce que l'on disait, ce que l'on taisait, j'avais tout devant les yeux mais pourtant je ne voulais pas l'admettre. La famille, avec sa brutalité d'après-guerre, l'a écrasée, pensais-je, la mort de son père a accéléré le processus de la maladie. Il arrivait encore des bonjours de sa part, toujours plus de règles de conduite, des propositions prudentes, discrètes, pour le temps après elle. Elle avait décidé de dérober sa fin à mes frère et sœur, donc à mon frère et à ma sœur qui avaient juste sept et neuf ans, les enfants ne devaient pas voir mourir leur mère, ma sœur fut envoyée en Espagne, mon frère en Italie. *Ce fut elle* qui prépara sa mort, *ce fut elle* qui prit elle-même toutes les décisions, elle s'était défendue contre toutes les choses insipides en liaison avec une maladie mortelle à sa dernière extrémité, elle n'avait pas toléré de pitié. Avec la vie de son père, sa vie aussi était finie, on dit qu'elle a prononcé ces paroles avec le plus grand calme. Je pensais que je ne la verrai plus, je suis couché là avec mon pneumopéritoine et je ne la verrai plus, mais j'en eus encore l'occasion, je sortis de l'hôpital, on me permit de rentrer à la maison. Deux jours après, je devais retourner à Grafenhof, j'avais déjà en poche le bon de transfert. J'étais assis au chevet de ma mère, mais plus aucune conversation n'avait pu avoir lieu, son entendement était lucide mais tout ce qui se disait me paraissait ridicule. J'eus à peine le temps de remplir de mes affaires mon sac de marin américain. Tuteur et grand-mère étaient encore prisonniers de leur épuisement. Bien que ma mère fût encore vivante, fût encore *là*, il avait déjà régné dans l'appartement *le vide après elle*, nous tous le sentions. Nous étions assis dans les fauteuils de la cuisine et prêtions l'oreille devant la porte ouverte mais la moribonde se tenait silencieuse. À Grafenhof, je n'avais plus été mis dans la chambre de douze mais dans l'une des loggias, comme on les appelait, au rez-de-chaussée surélevé, à mon étonnement mon compagnon de maladie était le docteur tombé bien bas, comme on avait coutume de l'appeler, le docteur en droit dont j'ai déjà fait mention. Son état inquiétant l'avait conduit dans la loggia, chambre obscurcie par un sapin gigantesque. Moi aussi je n'avais été mis dans la loggia que parce que mon état avait été classé comme peu rassurant. La maladie avait entre-temps changé encore plus mon physique, l'avait tellement changé dans l'intervalle que j'étais à ma place à Grafenhof sans attirer l'attention le moins du monde ; c'était à la catégorie des boursouflés que j'appartenais à présent, ballonné par mon pneumopéritoine, enflé par tous les médicaments possibles dont on bourrait mon organisme, je faisais ici une impression *naturelle*, non pas l'impression d'un être contre nature, je paraissais malade *dans la même proportion* et j'étais d'ailleurs tout sauf bien portant. Le docteur en droit, le socialiste, le prédicateur des foules que les médecins détestaient et qui, dans la salle de douze lits, ne m'avait pas laissé tranquille avec ses idées socialistes n'avait à présent plus été en état de m'ingurgiter Marx et Engels, de me faire comprendre son ébauche fondamentalement socialiste d'un monde à venir, il lui fallait prendre son parti d'être cloué au lit et, comme conséquence, de fixer sans arrêt le plafond. Il répandait l'odeur que je connaissais pour avoir été à l'hôpital dans la baraque des maladies pulmonaires et dès l'entrée cela avait été avant tout pour cette raison que j'avais été terrifié de devoir partager sa chambre. Mais je m'habituai à cette odeur et au changement attristant qui s'était opéré dans l'intervalle chez le docteur. À présent il ne disait plus rien de la république des soviets et il ne prononçait non plus jamais plus les noms de Rosa Luxemburg et de Karl Liebknecht. Il avait l'habitude de cracher d'abord dans le creux de sa main et de faire alors descendre son crachat de sa main dans le flacon, ce qui devait nécessairement échouer, peu lui importait que ses longs et pénibles tiraillements sur son poumon qui étaient accompagnés de bruits effrayants me rendissent fou, avant tout la nuit, qui n'était dominée que par lui et ses tiraillements sur ses poumons. Ces nuits furent les plus longues de ma vie. Seulement une fois par jour le docteur se levait avec l'aide de l'infirmière pour qu'on lui fasse sa toilette, il n'y avait naturellement alors pas encore de salle de bains, seulement un lavabo mural. Alors il se tenait là, nu et râlant, le raté, et il se laissait nettoyer sans protester. Cette opération l'épuisait aussitôt et une fois qu'au prix de toutes les difficultés, on l'avait remis au lit il s'endormait immédiatement. Cela me donnait l'occasion de me lever pour faire ma toilette. Derrière mon dos j'entendais les respirations pénibles venant des lambeaux d'un poumon presque hors de fonction, j'assistais à la fin d'un idéaliste, d'un socialiste, d'un révolutionnaire pour lequel le monde avait choisi sa punition *correspondante*. Je me souvenais des vertes remontrances que, dans la chambre de douze, le docteur avait eu à supporter non seulement des médecins mais aussi des infirmières catholiques, du peu de considération pour sa personne précisément de la part de ces gens qui prétendaient sans cesse à propos d'eux-mêmes et dans toutes leurs actions qu'ils étaient civilisés, qu'ils avaient de la culture. Le comportement des médecins envers le docteur qui, autant que je me souvienne, ne s'était rendu coupable d'aucune infraction à la discipline, avait été abject, la faible estime et même la haine que celles qu'on appelle des sœurs infirmières lui avaient fait continuellement sentir étaient une bassesse sans fond. J'avais ici un exemple de ce que l'expérience nous enseigne, que l'homme de bonne foi qui poursuit ses pensées avec conséquence et persévérance tout en laissant complètement tranquilles ceux qui sont d'autre opinion est confronté à la haine et au mépris, que vis-à-vis d'un homme de cette espèce on ne pratique rien d'autre que l'anéantissement. Car ce n'était pas autre chose que cela, le fait incroyable que le docteur, comme punition pour l'anéantir, avait été hospitalisé dans la salle de douze lits avec les occupants qui n'étaient conscients de rien et qui, dans leur inconscience, ne pouvaient vraiment être que brutaux. Dans la salle de douze, il n'avait pas pu lire tranquillement un livre, un journal, il n'avait pas eu dix minutes de calme pour ses pensées, les autres l'ont dérangé exprès ou non, méchamment ou non, ils ont systématiquement travaillé à sa ruine. Les choses devaient nécessairement aller jusqu'à son effondrement, son transfert de la chambre de douze *dans la loggia* où l'on n'hospitalisait que les cas les plus graves. Les tourmenteurs du docteur avaient été les jeunes gens inconscients, qui emboîtent le pas à la sottise sans avoir de but, auxquels on ne peut pas faire de reproches, les manœuvres et les apprentis qui ici naturellement se déchaînaient à cœur joie tout à fait spontanément et qui se faisaient un plaisir de mener le docteur à sa ruine à force de le tracasser. Il avait déjà été trop faible pour pouvoir se défendre du matin au soir contre ces tortures, il avait déjà abandonné la partie. Pour une brève période il avait, lui aussi, été mon maître, il m'avait montré de nouveau un univers où mon grand-père m'avait introduit avec passion et abnégation, l'autre univers, celui qui est tenu en main, réprimé, l'univers inférieur, il m'avait rouvert la porte de l'impuissance. Ces gaillards inconscients avaient fait des tourments infligés par eux au docteur, qu'ils avaient choisi comme objet de raillerie quotidien, un art de tourmenter dans les règles, ici ils avaient donné libre cours à leur perversité et transformé le philosophe en bouffon. Ce philosophe avait supporté leurs impertinences, avait renoncé à toute résistance, s'était plié. Toutefois on ne peut pas les rendre responsables de ce qu'ils ont travaillé à la ruine d'un homme jusqu'à la mort, car leur ignorance était l'ignorance stupide de la jeunesse qui n'est pas encore majeure. La faute en revient aux médecins et, avant tous les autres, au médecin-chef directeur de l'établissement dont, pendant mon séjour dans la chambre de douze, j'avais observé la propre machine à tourmenter fonctionnant continuellement contre le docteur, aux médecins qui avaient poussé au paroxysme la haine contre le dissident, contre la réfutation ; le socialiste qui professait franchement et honnêtement son socialisme dans un *tel* environnement, qu'on ne peut assurément qualifier que de catholico-national-socialiste, devait disparaître à tout prix, il était leur bête noire, ils avaient pensé cette chose monstrueuse : il faut l'anéantir, lui, l'ennemi. Comme il n'avait personne, selon ce que je sais, il lui fallait se soumettre sans conditions à ses dominateurs, il lui avait évidemment été impossible de tout simplement s'enfuir. Mais la vérité est que certes les médecins, à la fois en connaissance de cause et sans le moindre scrupule de conscience, l'ont acculé et fait tomber dans la ruine physique et naturellement — conséquence logique — dans la ruine intellectuelle, mais que lui-même aussi s'est *réfugié* dans cette fin qui lui était propre ; ainsi avec cette volonté de deux côtés, qu'on ne peut nommer que diabolique, sa déchéance s'accéléra. Je n'eus pas de difficulté à reconstruire en moi-même la marche de ce processus, je n'en avais pas été immédiatement témoin mais je voyais *à présent* cette évolution. J'essayai d'engager une conversation avec lui mais j'échouai, je me heurtai uniquement à du refus. Dans un coin ses livres gisaient, souillés, poussiéreux, sans avoir jamais été touchés. Même si j'avais eue envie de les lire j'aurais été dégoûté de les prendre en main. Pour la lecture je n'avais absolument aucun goût. Je n'écrivais rien non plus, même pas une carte postale. À qui, dans ma situation, aurais-je pu écrire ? Le manger était administré à la cuillère au docteur par l'infirmière comme à un animal, à contrecœur, automatiquement. Entre l'infirmière et le docteur il n'y avait pas non plus de conversation. Quand celle-ci le déshabillait, il se débattait, également quand elle l'habillait, il y avait des échanges de horions, des coups dans la figure, la rébellion du docteur devenait de plus en plus dangereuse mais l'infirmière n'en était pas impressionnée, pour elle toute cette affaire ne pouvait être qu'une question de temps, un temps extrêmement bref. Quand les choses seront-elles assez avancées pour qu'on vienne le chercher, qu'on s'en débarrasse définitivement, qu'on le transporte en bas à Schwarzach, pour en être libéré ? Telle était ma pensée. Son cœur battait, battait toujours, fréquemment je m'éveillais et mon premier regard tombait sur lui pour savoir s'il vivait encore, si le corps à côté de moi n'était pas déjà mort. Mais ce corps respirait encore, ce poumon travaillait encore. Je sentais la déception de l'infirmière, du fait que le docteur vivait encore, qu'il était encore là. Vraisemblablement en étant entrée au petit matin dans la chambre, elle aussi n'avait eu avant toute autre chose que cette unique pensée : le docteur serait-il mort, le problème du docteur ne serait-il plus un problème ? Elle ouvrait les rideaux, se mettait au travail, disposait les serviettes, faisait couler l'eau dans le lavabo, soulevait le docteur et le transportait au lavabo. Je pensais qu'*au moment présent* j'aurais beaucoup préféré être hospitalisé au second étage dans la grande chambre de douze lits plutôt qu'ici avec le docteur dans la loggia ; j'aspirais à être dans la chambre de douze car je ne pouvais bien entendu que trouver la loggia bien pire, là-haut au deuxième étage, j'avais cohabité avec des garçons de mon âge, ici, à ce qu'il semblait, j'étais avec un ancêtre au bout du rouleau, dont la hideuse apparence et la grossièreté s'accroissaient d'heure en heure, d'autre part je ressentais comme une distinction qu'il me *fût permis* d'habiter avec cet homme, cet homme hideux, repoussant que j'admirais et même vénérais très ouvertement parce qu'il était tel qu'il était, qu'il était celui qui est rejeté, haï, refoulé. Il semblait que tout le monde attendait la disparition du docteur mais on n'en était pas encore là, il leur fallait encore patienter. La visite ne considérait plus le docteur que comme un gêneur, comme quelqu'un qui tout simplement dérangeait leurs idées. De moi non plus ils n'avaient pas à se féliciter car ils devaient savoir qu'ils m'avaient établi un diagnostic erroné non avec un sentiment d'innocence mais de culpabilité et qu'ils m'avaient amené au bord de la ruine, qu'ils m'avaient fait sortir de l'hôpital comme guéri juste à l'instant où j'avais un grand trou dans le poumon et il avait fallu qu'ils me reprennent. Ils avaient deux raisons pour me mettre avec le docteur : la première, que mon état leur était effectivement apparu comme *dangereux*, *menaçant*, même *comportant une menace de mort*, la seconde, parce que *ma réserve, ma méfiance et même ma haine contre eux* ne leur étaient pas restées cachées, moi aussi j'étais à leurs yeux *un intolérant*, *un rebelle*. Il y avait eu six ou sept loggias, la moitié d'entre elles étaient occupées par ceux qu'on appelle les privilégiés mais que je n'ai presque jamais eu l'occasion de voir, en tout cas j'avais toujours l'impression que ces gens avaient une angoisse panique à l'idée d'entrer en contact avec les autres malades, donc avec nous, on pouvait lire sur leur visage l'embarras qu'ils avaient ressenti parce qu'ils devaient utiliser les toilettes de tout le monde dans le couloir. Ils étaient mieux habillés et s'efforçaient de parler une meilleure langue quand ils parlaient mais ils ne disaient presque absolument rien, en tout cas ils ne conversaient pas avec mes semblables. Ici j'entendais sans cesse différents titres : j'ai encore en mémoire, *Monsieur le Conseiller*, *Madame la Conseillère*, *Monsieur le Professeur* et *Madame la Comtesse*. Les infirmières, avec une solennité qui m'était antipathique, se hâtaient sans bruit çà et là, là où ces titres et leurs porteurs résidaient, protégés, laissés en paix et même gâtés. Quand les infirmières arrivaient chez nous venant des loggias des gens bien, comme on les appelle, leurs physionomies s'assombrissaient, leur façon de parler était complètement autre, une façon de parler qui ne s'efforçait plus d'être distinguée mais qui n'était plus qu'un langage bourru, vulgaire, brutal. Dans ces chambres elles portaient des mets tout à fait différents dans une présentation tout autre, plus coûteuse. Là-bas elles frappaient avant d'entrer, à la porte, notre porte, on ne frappait pas, on entrait tout simplement. Il y avait une difficulté que je n'avais pas prévue bien qu'elle eût dû me sauter aux yeux : à Grafenhof, on n'avait encore jamais vu avant moi un pneumopéritoine, ils ne le connaissaient que comme une abstraction, jusque-là, on n'en avait eu connaissance que dans des publications, à présent on était servi. Moi-même je fus inquiet quand j'en fus au point où le médecin-assistant devait me gonfler, quand le moment fut venu d'aller à cette fin à la consultation. L'assistant affirma n'avoir encore jamais gonflé un pneumopéritoine bien qu'il eût appris entre-temps comment cela devait se faire. Il ne m'en était resté aucune autre possibilité que de dire à l'assistant ce qu'il devait faire. Sur mes indications il prépara l'appareillage, approcha tout le matériel vers moi et j'attendis. Rien n'arriva. L'assistant n'osait pas. À présent, ce fut moi qui dus prendre l'initiative. Je lui ordonnai formellement de diriger l'aiguille contre mon ventre, puis *de toutes ses forces*, telles furent mes paroles, de perforer mon abdomen. Il ne devait pas hésiter un instant sinon les douleurs seraient terribles et cette opération deviendrait un massacre. Je savais que l'assistant, fils d'un fonctionnaire dans un ministère de Vienne, grand échalas arrogant à tous égards, était craintif et impressionnable quand il fallait agir. Il devait se donner du courage, *se jeter sur moi de tout le poids de son corps* et perforer ma paroi abdominale, ainsi lui parlai-je, et je lui expliquai comment le médecin-chef avait fait à l'hôpital régional de Salzbourg. Or, dans la situation présente, l'assistant était effectivement le moins qualifié pour un acte demandant du nerf, à la différence du médecin-chef athlétique de Salzbourg qui n'avait besoin que d'appuyer un bref instant de tout son poids pour enfoncer l'aiguille dans mon abdomen, à travers toutes les enveloppes abdominales à la fois. Comme il fallait s'y attendre la première tentative échoua, et je tressaillis de douleur, immédiatement le sang jaillit de la blessure inutilement ouverte. Cependant il ne restait rien d'autre à faire qu'à procéder au gonflage. Ainsi on avait dû faire une seconde tentative qui avait été exécutée tellement en amateur que j'avais poussé un cri et que les gens à l'extérieur, dans le couloir, étaient accourus. L'amateur n'avait pu perforer mes enveloppes abdominales que par à-coups et peu à peu et il m'avait torturé tout à fait inutilement. Mais ensuite il se tint là comme s'il avait réussi cette opération, constata satisfait que l'air pouvait pénétrer et se répartir dans mon abdomen, le mécanisme fonctionnait, les indicateurs des appareils le confirmaient, on entendait l'air entrer à flots et je vis l'assistant ayant déjà retrouvé sur son visage son arrogance dont il s'était départi passagèrement. Cependant lui-même était le plus surpris d'avoir réussi cette entreprise. Je restai étendu un moment puis on me ramena dans la loggia. Jamais je n'avais autant saigné après le gonflage, durant des jours, j'eus des douleurs dans la paroi abdominale et je redoutai une inflammation, j'avais de la méfiance à l'égard des instruments médicaux qui étaient utilisés à Grafenhof car ici la propreté n'était pas un commandement absolu. Cependant il ne se développa aucune inflammation. Les douleurs diminuèrent. La prochaine fois cela marchera, me disais-je. Et depuis ce moment-là, le gonflage marcha. Un pareil pneumopéritoine, un malade peut en avoir cinq ans ou même davantage, m'avait-il été dit, et je me préparai à cette durée. Toutes les fois après le gonflage, quand je pouvais me tenir debout et marcher sans assistance, on me plaçait derrière l'écran de radio et l'on m'expertisait. Après la réussite des gonflages ultérieurs l'assistant n'avait pas été peu fier, il avait accru sa science d'une chose nouvelle. Je faisais tout pour enfin recommencer un jour à sortir de la chambre, je m'exerçai sans relâche à une espèce d'auto-gymnastique désespérée et effectivement l'instant où il me fut permis d'aller en plein air était arrivé plus tôt que je l'avais cru. Je fis un tour à travers le bâtiment du sanatorium, je fus même en état d'atteindre les limites du sanatorium, j'augmentai tous les jours le rayon de mes déplacements. J'aurais préféré avant tout entrer dans la localité, dans le *village*, comme nous disions, mais c'était strictement interdit aux malades. Un jour je ne m'accommodai plus de cette interdiction et j'entrai dans le village (St. Veit). Certes je fus examiné par les habitants et, naturellement aussi, reconnu aussitôt comme un malade du sanatorium, mais les gens ne semblaient pas trouver la vue des poitrinaires si sensationnelle ni menaçante. Ma faiblesse générale me fit faire demi-tour à peine avais-je pénétré dans le village, la liberté, elle était pour moi beaucoup trop fatigante, je n'avais pas d'autre désir que de regagner le plus tôt possible le sanatorium et ma chambre afin de pouvoir me blottir sous ma couverture. Cependant j'y avais pris goût et je répétai mes expéditions dans le village, en secret, dans la conscience de risquer la sanction la plus terrible et la plus grosse de conséquences infligée par la direction du sanatorium si je franchissais les limites et si je faisais de petits achats au village, je m'achetai une fois un crayon et du papier, une autre fois un peigne, une brosse à dents ; pour acheter davantage, mes finances n'auraient pas suffi car elles consistaient uniquement dans ce qu'on appelle l'indemnité journalière versée pour moi par l'aide sociale et qui n'était plus versée par l'assurance maladie qui, depuis bien longtemps, *avait supprimé ses allocations*, tel est le terme correct, également mes frais d'hospitalisation n'avaient plus été pris en charge par l'assurance maladie mais par l'aide sociale. Tous les après-midi je m'asseyais sur un banc dans le petit bout de parc entre le bâtiment annexe et le bâtiment principal. Avec un livre je me livrai très consciemment à une diversion qui m'éloignait de moi et de mon entourage, c'est là que j'ai lu Verlaine, Trakl, Baudelaire. Une période de calme semblait commencée. C'est alors que je découvris un jour sous la rubrique : *Décès* du journal que j'avais emporté sur ce banc, l'indication : *Herta Pavian, 46 ans*. C'était ma mère. Elle s'appelait *Herta Fabjan*[1] il n'y avait aucun doute ;

1. Le nom se prononce Fabian. *(N.d.T.)*

le nom de *Pavian* reposait sur une erreur d'écoute du journal qui se faisait communiquer quotidiennement par téléphone les décès du jour pour une rubrique dissimulée mais qu'on lisait avidement. Je courus dans ma chambre et je dis au docteur couché, à demi mort, dans son lit que ma mère était morte et que son décès était noté sous le nom de *Herta Pavian* au lieu de l'être sous le nom exact de *Herta Fabjan. Herta Pavian, 46 ans*, marmonnais-je sans cesse, *Herta Pavian, 46 ans.* Je demandai l'autorisation de pouvoir aller à Salzbourg pour l'enterrement et je reçus cette autorisation. On exauça le désir de ma mère d'être enterrée dans ce village au bord du lac de Wallersee, où il lui avait été permis de passer son enfance chez ses tantes. J'arrivai dans l'appartement vide que je m'étais déjà imaginé avant sa mort. Dans leur agitation, les miens avaient oublié de m'aviser de la mort de ma mère, maintenant j'étais là, me disaient-ils, donc pas de reproches. Dans l'antichambre les robes de ma mère étaient encore pendues, dans toutes les pièces des montagnes de linge s'étaient amoncelées. *Elle était morte sous ses yeux, en pleine conscience*, dit son mari. Au petit matin il lui avait fait boire de la tisane, ils avaient parlé ensemble. Soudain son teint était devenu blême à partir du front. *Elle s'est vidée jusqu'à la dernière goutte*, dit son mari, mon tuteur. La dernière gorgée brûlante avait fait éclater l'aorte. À présent je passais la nuit dans la chambre mortuaire de ma mère. On me dit qu'elle avait été enveloppée dans un drap blanc et mise dans un cercueil de bois blanc tout simple comme mon grand-père. L'enterrement à Henndorf, dans le petit cimetière de village, rassembla des centaines de personnes. Ma mère avait été religieuse toute sa vie, elle considérait l'Église à la fois avec réserve et respect. Elle voulait un enterrement catholique. Lorsque nous arrivâmes à Henndorf, le cercueil était encore dans le petit dépositoire blanchi à la chaux. De jeunes paysans, des parents, à ce que l'on dit, la portèrent dans l'église. Après l'office des morts, ces centaines de personnes, en grande partie des parents à ce que l'on me dit, mais qui m'étaient complètement inconnus, formèrent un long cortège funèbre. Marchant derrière le cercueil avec ma grand-mère et mon tuteur, je fus soudain pris d'un rire spasmodique avec lequel il me fallut lutter durant toute la cérémonie. Sans cesse j'entendais de tous côtés le mot : *Pavian* et je finis par être forcé de quitter le cimetière avant la fin de la cérémonie. *Pavian ! Pavian !* entendais-je crier dans mes oreilles et, sans les miens, je quittai précipitamment la localité et repartis pour Salzbourg. Je me blottis dans un coin de l'appartement et, au comble de l'effroi, j'attendis le retour des miens. Le lendemain je repartis pour Grafenhof où je restai quelques jours au lit ; la couverture tirée sur ma tête je ne voulais rien voir et rien entendre. Ce ne fut que la date, impossible à remettre, du prochain gonflage de mon pneumopéritoine qui me ramena à la raison. À présent j'ai tout perdu, pensais-je, à présent ma vie a perdu tout son sens. Je me pliai au déroulement de la journée. J'acceptai tout, peu importe de quoi il s'agissait et comment cela arrivait à moi, je ne refusai plus rien, je me soumis complètement. Je ne laissais plus toutes les choses m'approcher que dans la mesure où elles ne pouvaient pas prendre pour moi des formes distinctes, je les supportais seulement quand elles étaient indistinctes, confuses. Je passai plusieurs semaines dans cet état. Un jour, en m'éveillant, je vis qu'on portait hors de la chambre le docteur qui était mort dans la nuit sans que je l'aie remarqué. Un nouveau malade occupait déjà son lit peu de temps après. J'avais à peine fait connaissance du nouveau que je fus brusquement transféré, en haut, au second étage, dans une des chambres au midi qui recevaient toujours trois malades. Pourquoi transféré ? Je l'ignorais. De là j'avais un large coup d'œil sur la haute vallée, du noir Heukareck jusqu'aux cimes de trois mille mètres couvertes de neige à l'ouest. Jusqu'alors j'avais ignoré ce panorama qu'on avait de l'établissement. Mon état général s'améliora, à partir de l'instant où j'avais été transféré au second étage comme si j'étais remonté d'un caveau mortuaire. Qu'est-ce qui avait provoqué ce transfert ? Je demandai mais je n'obtins pas de réponse. À présent il me fallait de nouveau aller à l'aérium, les malades des loggias n'avaient pas besoin d'y aller, j'avais une plus grande liberté de mouvement, je recommençais à voir d'autres personnes que moi-même car tant que j'avais été dans la loggia je n'avais vu que moi-même, je ne m'étais occupé que de moi-même, même quand je m'étais occupé du docteur, je ne m'occupais au fond évidemment que de moi-même. À présent je recommençai à m'occuper d'autres, de plusieurs autres, de beaucoup d'autres individus. J'étais dans une phase d'évolution ascendante, ce n'était pas douteux. Exactement comme j'en avais le souvenir ils étaient couchés là, apathiques, dégoûtés de la vie, alignés côte à côte et ils s'acquittaient de leur obligation primordiale en crachant dans leurs crachoirs. Ce n'était pas le troisième lit de repos avant la fin mais le troisième à partir du début que j'avais à présent. De là, je pouvais regarder le village au-dessous de moi, j'avais la ferme intention de tricher *quotidiennement* avec le règlement intérieur, d'aller faire une visite *quotidienne* au village dans le plus grand secret et avec la plus grande adresse, je devais absolument enfreindre les lois de Grafenhof pour améliorer mon état. Tout à coup je ne voulus plus seulement améliorer mon état, je formulai l'exigence suprême : recouvrer la santé. Cette décision, je la conservai en moi-même, je la gardai comme mon secret le plus absolu. Je savais que seuls régnaient ici le pressant désir de s'éteindre, la disponibilité pour la mort, la soif de la mort, il me fallait donc garder secrètes ma disponibilité pour la vie, nouvellement éveillée, ma soif de vivre. Ainsi trompai-je le monde auquel j'appartenais en faisant extérieurement chorus avec sa tristesse, sa mort à petit feu tout en y ayant été opposé dans mon cœur et dans mon âme avec tous les moyens dont je disposais. Il fallait que je me résigne à cette tromperie pour pouvoir garder mon secret. J'existais désormais en état de mensonge et de comédie. Il me fallait songer à sortir d'ici et cela sans tarder. Mais pour le faire je devais avoir la force d'enfreindre les lois qui régnaient ici, d'une façon absolue, et de vivre selon mes propres lois, de plus en plus selon mes propres lois, de moins en moins selon celles qui m'étaient imposées. Suivre le conseil des médecins seulement jusqu'à un degré déterminé où il est utile, et pas au-delà, ne suivre tout conseil que dans la mesure où il pouvait m'être utile et seulement après l'avoir vérifié. Il fallait que je recommence à me prendre en main et avant tout à me prendre dans ma tête et à éliminer radicalement ce qui me nuisait. Ce qui était nuisible c'était le pouvoir médical, le système qui régnait dans l'établissement ; tout le mal provient des gens de la Faculté, avais-je pensé, il fallait que je pense ainsi dans mon intérêt et il était de nouveau temps de ne penser qu'à moi si je voulais faire des progrès. D'une part le séjour à Grafenhof était nécessaire, indispensable, l'appareil médical et clinique était la condition nécessaire des progrès vers la guérison, il me fallait utiliser cet appareil médical et clinique, cependant je ne devais pas permettre qu'il abuse de ma personne. J'exigeai de ma part le maximum d'attention, avant tout un contrôle des médecins encore plus strict. En surface je me pliai au règlement intérieur, au pouvoir médical, sous la surface je les combattais là où l'on pouvait les combattre, pour mon profit. Pour cela je ne manquai pas d'expérience, de circonspection, de science. C'était *moi* qui avais à diriger les médecins et leurs sous-fifres et non le contraire, ce n'était pas simple. Ainsi, entièrement de ma propre initiative je m'étais mis en dehors des lois régnant à Grafenhof. Je consacrai chaque minute de liberté à une vigilance renforcée vis-à-vis de l'appareil thérapeutique porteur de salut qui, si cette vigilance était oubliée ou si elle se relâchait si peu que ce fût, pouvait assurément n'être qu'un appareil de désastre. Pour la plupart à Grafenhof, cet appareil porteur de salut n'était qu'un appareil de désastre parce que d'une part leur ignorance, d'autre part leur léthargie étaient trop grandes. Je ne tardais pas à tout soumettre à mon contrôle, peu importe qu'il s'agît des examens qui revenaient sans cesse ou de juger ceux qui les exécutaient. Rien ne m'échappait, au moins rien d'essentiel. C'était *moi* qui décidais combien je devais recevoir de streptomycine et non les médecins mais je les laissais dans la croyance que c'était *eux* qui en décidaient, sinon mon calcul n'eût pas été juste ; tous mes tortionnaires, je les laissais dans la croyance que c'était eux qui décidaient ce qui devait arriver tandis qu'à partir d'alors il n'arrivait pourtant que ce que *moi* je décidais, le côté inquiétant de ma façon d'agir me stupéfiait moi-même, le fait que je pouvais traduire en acte mon projet, que mon calcul pouvait être juste. J'avais atteint une adresse inouïe dans ces effets de mystification. Lorsque je fus d'avis qu'il n'y avait plus d'utilité pour moi à avaler ces immenses quantités de

P.A.S., les médecins décidèrent que je n'avais plus besoin de prendre du P.A.S. bien que ce fût *moi* qui avais arrêté. Je déterminai aussi la prise de tous les autres médicaments que je réduisis finalement à un minimum, dégoûté par le monceau de chimie destructive que j'avais déjà avalé dans l'intervalle, d'une façon criminelle et sans réflexion, à ce qu'il me semblait à présent. C'était *moi* qui décidais comment il fallait me perforer la paroi abdominale, comment l'air devait être introduit, mais l'assistant avait le sentiment que les ordres qu'il se donnait venaient *de lui* alors que cela avait été pourtant *moi*, celui qui lui avait donné les ordres *à lui*. Le contact avec chez moi était complètement rompu, je ne savais plus rien des miens, je crois que cela ne m'intéressait absolument pas de savoir comment la vie continuait là-bas. Ils ne m'écrivaient pas bien qu'ils auraient pu m'écrire car à présent ils n'avaient plus d'excuse pour ne pas le faire après que les morts qui les en avaient empêchés étaient enterrés ; ils avaient leur raison, je ne recevais pas de courrier, je n'en attendais aucun. Je me plongeais dans Verlaine et Trakl et je lus *Les Démons* de Dostoïevski ; un livre d'un esprit tellement insatiable et radical et, d'une façon générale, un aussi gros livre, je n'en avais jamais lu auparavant dans ma vie, je me grisai, pour quelque temps je ne fis plus qu'un avec *Les Démons.* Lorsque je fus revenu je refusai un certain temps de lire autre chose parce que j'avais eu l'intime certitude de tomber dans une immense déception. Des semaines durant je refusai toute lecture. La monstruosité des Démons m'avait donné de la force, montré un chemin, dit que j'étais sur le bon chemin, *pour sortir*. J'avais été touché par une œuvre littéraire furieuse *et* grande afin que j'en surgisse moi-même transfiguré en héros. Il n'a pas été fréquent dans ma vie ultérieure que la littérature ait eu une si immense action. Sur de petites fiches que j'avais achetées au village j'essayai de fixer par écrit des dates précises qui me paraissaient importantes, des points décisifs de mon existence, je craignais que ce qui à présent était encore tellement net ne pût soudain s'estomper et se perdre, que soudain, cela ne soit plus là, que, dans le futur, je n'aie plus la force de sauver de la nuit de l'oubli les événements décisifs, les scènes monstrueuses, comiques et cetera, j'essayai de sauver sur ces fiches ce qui devait être sauvé, toutes les choses sans exception qui m'avaient paru dignes d'être sauvées, ici j'avais ma façon de voir les événements, mon infamie personnelle, ma brutalité personnelle, mon goût personnel qui n'avaient autant dire rien de commun avec la façon de voir les événements, l'infamie, la brutalité et le goût des autres. Qu'est-ce qui est important ? Qu'est-ce qui est significatif ? Je croyais qu'il fallait tout sauver de l'oubli, extraire tout de mon cerveau pour le mettre sur les fiches qui avaient fini par être des centaines de fiches car je n'avais plus confiance en mon cerveau, j'avais perdu la confiance en tout, donc également la confiance en mon cerveau. La pudeur qui m'empêchait d'écrire des poèmes était plus grande que je l'avais pensé, ainsi je m'abstins d'écrire même un seul poème. J'essayai de lire les livres de mon grand-père, mais je n'y réussis pas, j'avais vécu trop de choses dans l'intervalle, j'en avais trop vu, je mis ces livres à l'écart. Dans *Les Démons* j'avais trouvé ce qui correspondait à mon expérience. Je cherchai dans la bibliothèque du sanatorium d'autres monstres de ce genre mais il n'y en avait plus. Il est superflu d'énumérer les noms des auteurs dont j'ai ouvert et immédiatement refermé les livres parce que je ne pouvais avoir que de la répulsion pour leur petitesse et leur médiocrité. La littérature, à l'exception des Démons, était pour moi sans intérêt mais je pensais : il existe certainement d'autres Démons de ce genre. Toutefois je ne devais pas les chercher dans cette bibliothèque de sanatorium qui avait été bourrée de platitudes et de stupidités, de catholicisme et de national-socialisme. Mais comment arriver à trouver de nouveaux Démons ? Je n'avais aucune possibilité sinon celle de quitter Grafenhof aussitôt que possible et de chercher en liberté mes Démons. À présent j'avais encore en plus une nouvelle incitation à sortir. Quand je m'avançais derrière l'écran de radiographie je voulais déjà entendre que mon état s'était amélioré et effectivement mon état s'améliorait d'un examen à l'autre. À présent je faisais des excursions au-delà du village, je fis la découverte des environs, ce qui m'était apparu si sombre et rébarbatif avait tout à coup cessé de l'être, de me donner une sensation aussi suffocante et anéantissante, les montagnes qui m'étaient toujours apparues affreuses, menaçantes ne l'étaient plus. Les êtres humains qui s'étaient toujours présentés à mes yeux comme des monstres ne l'étaient plus. J'avais la possibilité d'aspirer l'air plus profondément, encore plus profondément. Bien que cela ait dévoré presque toute mon allocation de l'aide sociale, je commandai une fois par semaine le *Times* pour rafraîchir, renouveler, étendre mes connaissances d'anglais et pour pouvoir suivre en même temps les événements dans un monde qui se transformait de façon aussi frénétique. Je me risquai tout à coup à adresser la parole à la dame qui tenait l'orgue au village, je m'entendis avec elle pour chanter une heure à l'église et après qu'elle m'eut accompagné à l'orgue non seulement une heure mais trois — j'avais chanté à livre ouvert des Cantates de Bach, le Livre des lieder d'Anna Magdalena Bach, etc. —, elle avait désiré que la semaine suivante je chante le solo de basse à la messe du dimanche matin (de Haydn). Mon pneumopéritoine bien gonflé, mon pneumopéritoine nécessaire à mon existence ne m'avait pas empêché après ce solo de chanter régulièrement les parties de basse dans les messes ; durant la semaine j'avais eu régulièrement rendez-vous à l'église avec l'organiste, bien entendu toujours secrètement, donc derrière le dos des médecins, pour que nous fassions ensemble de la musique, nous étudiions les grands oratorios de Bach, de Haendel, je découvris Henry Purcell, je chantai Raphaël dans *La Création* de Haydn.

Je n'avais pas perdu ma voix, au contraire, de semaine en semaine mon instrument s'améliorait, bien plus, je le perfectionnais, je nourrissais un désir insatiable et inflexible de ces heures de musique à l'église. À présent j'étais derechef sur le bon chemin contre tous les avertissements. La musique était ma destinée ! Cependant il n'avait pas été possible de garder secrète plus longtemps la découverte de mes visites clandestines à l'église du village, de mon chant à l'église et, par surcroît, au vu et au su de tout le monde, sans ménagements sans me préoccuper des conséquences, j'avais dû moi-même trahir *cette complète folie* qui était la mienne. Les médecins m'avaient demandé une explication, essayé de me faire comprendre que ce chant avec mon pneumopéritoine pourrait aussi signifier ma mort subite et ils me menacèrent de renvoi. La stricte interdiction d'aller faire mes visites au village était prononcée. Pourtant je n'avais plus la force de me soumettre à une interdiction, peu importe laquelle, sans la pratique de la musique, je n'aurais plus pu exister, aussi voulais-je partir de Grafenhof aussitôt que possible et *quoi qu'il arrive*. Des semaines de chant ne m'avaient pas affaibli, au contraire elles avaient tellement amélioré mon état général que je croyais déjà pouvoir recouvrer la santé par ce chemin de la musique, les médecins estimaient cela absurde, ils me traitaient de fou. La pratique de la musique était tout à coup mon entraînement vital. Je ne me risquai plus au village, en tout cas plus aux fins de pratiquer la musique, je discutai de ma malchance avec mon organiste, une Viennoise, une artiste, sortie du Conservatoire, professeur, venue pendant la guerre à Grafenhof, ce qui, à plus forte raison, l'avait fait entrer dans le monde des poitrinaires, et elle était restée en suspens au village. Elle fut désormais pour moi mon interlocutrice la plus chère, mon nouveau professeur, mon unique soutien. Chaque fois que j'en avais la possibilité, j'allais la voir. Mais nous ne nous risquions plus à faire de la musique, nous avions nous-mêmes pris peur de notre propre courage, de notre *mépris de la mort*. Ainsi, sous le coup de la menace des médecins, notre sujet d'étude : la pratique de la musique, devint la théorie de la musique. À la moindre occasion, je m'enfuyais du sanatorium et je me hâtais d'aller dans la maison dénommée hospice des pauvres où mon nouveau professeur demeurait sous les toits, dans une chambre cloisonnée de bois, comme dans une cachette qui tout à coup était devenue pour moi une cachette absolue. Dans cette chambre je me suis retrouvé, j'ai retrouvé la condition préalable de mon existence. Un jour, j'entrai à l'aérium et je n'en crus pas mes yeux : à côté de ma chaise longue, c'était mon ami chef d'orchestre qui avait pris place, il était arrivé le jour même et il avait voulu me surprendre. Lui aussi, autant que je sache, était sorti de Grafenhof comme guéri beaucoup de mois, un an auparavant, et entre-temps il avait eu une odyssée sans pareille derrière lui. Après sa sortie il avait fait une randonnée vers les plages de l'Adriatique et commis le crime le plus stupide qu'un poitrinaire puisse commettre : il s'était couché dans le sable au soleil. Lui qui était parti pour l'Italie à motocyclette dut être ramené en Autriche en ambulance. Dans une clinique de Vienne on lui avait ouvert la cage thoracique, il avait fallu lui faire l'ablation complète du poumon droit. À présent, comme la plupart à Grafenhof il avait sur le dos la marque de ceux qu'on appelle *tubards*, la cicatrice descendant de l'épaule au bassin. Il n'avait pas cru qu'il lui fût donné de survivre, il s'étonnait d'être ici. Nous nous fîmes le récit des événements de notre vie, ce n'était naturellement rien de réjouissant. Mais *son* récit *à lui* n'eut pas la force de me faire vaciller dans *ma* décision *à moi* de recouvrer la santé. Au contraire, ce fut *moi* qui fus alors son modèle. Je ne sais plus combien de temps j'ai encore vécu avec lui à Grafenhof, il ne le sait d'ailleurs plus aujourd'hui, peut-être cela a aussi été plus d'un an. Il serait facilement possible de le retrouver mais je n'ai pas envie de jeter dans le calendrier le coup d'œil nécessaire pour le faire. Combien de temps, somme toute, fus-je à Grafenhof et quand en sortis-je enfin ? Je ne le sais plus. Je ne veux plus le savoir. Un jour je demandai qu'on m'accorde la sortie parce que j'avais été d'avis que le moment était venu, seulement les médecins ne voulurent pas me laisser partir. Cependant, depuis bien longtemps, encore avec mon pneumopéritoine, au lieu de me tourner sur le côté dans mon lit par morosité, j'avais entrepris de nuit des parties secrètes de luge dans la dépression de

Schwarzach ; par les chemins creux j'arrivais dans les rues sombres, désertes. Quand l'infirmière de nuit avait souhaité sa *bonne nuit* et éteint la lumière, je me levais et disparaissais. Je m'étais loué une luge au village et je l'avais cachée durant la journée derrière un arbre, je m'y asseyais et je fonçais vers le bas, je voulais partir, donc je partis, ce fut *moi* qui décidai ma sortie bien que les médecins aient eu ensuite le sentiment que c'était *eux* qui m'avaient fait sortir. Il fallait que je disparaisse pour ne pas être broyé définitivement, donc pour toujours, dans ce moulin médical pervers qui moud du malheur. *Va-t'en loin des médecins, fiche le camp de Grafenhof !* Par une froide journée d'hiver je sortis, prématurément, *à mes risques et périls*, comme je ne pouvais m'empêcher de le dire, après avoir pris congé de tous ceux qui étaient entrés en ligne de compte. Je traînai au village mon sac de marin, montai dans le car et je descendis vers Schwarzach. De là, deux heures plus tard je fus à la maison. Je n'avais pas été attendu, cette surprise représentait un choc pour les miens. Contagieux, je ne l'étais plus mais guéri, je ne le serai pas de sitôt. Ils m'accueillirent et me nourrirent un certain temps selon leurs possibilités. Il me fallait me mettre en quête d'une occupation et je ne savais pas ce que je devais faire. Ni la profession de commerçant ni le chant n'entraient en ligne de compte. Ainsi je méditais plusieurs semaines sans résultat et dans cette situation sans issue j'appris derechef à détester la ville de Salzbourg et ses habitants. J'allais voir beaucoup d'entreprises mais je n'étais plus capable d'entrer dans une entreprise, non parce que j'avais été encore malade, j'aurais certainement pu travailler, même avec mon pneumopéritoine, mais tout simplement je ne le voulais plus. Tout travail, toute occupation me répugnait au plus profond de moi-même, j'étais dégoûté par l'abrutissement de ceux qui travaillent, qui sont employés, je voyais tout ce qu'il y avait d'écœurant dans la situation de ceux qui exercent un travail et un emploi, sa totale absence de sens et d'utilité. Travailler, être employé *seulement* pour pouvoir survivre, cette perspective me dégoûtait, cela me répugnait. Quand je voyais des personnes je m'avançais vers elles, pour reculer devant elles avec effroi. Le problème était la faible allocation de l'aide sociale, j'avais honte. Combien avais-je de capacités, sauf cette unique capacité qui est de vaquer, comme on dit, à un travail régulier ! Toutes les semaines il me fallait aller voir le pneumologue qui avait et a encore sa consultation, Saint-Julien-Strasse, il fallait gonfler mon pneumo, au fond, à présent, je désirais ardemment cette diversion car en ce pneumologue j'avais à présent retrouvé le *seul* interlocuteur utile, un homme avec qui je pouvais parler à cœur ouvert. Son assistante aussi m'était sympathique. Je ne sais pour quelle raison, mais il se peut que cela ait été encore une fois par raison d'indifférence, j'avais une fois laissé passer la date du gonflage de mon pneumopéritoine. Au lieu d'aller, comme il était prescrit, dix jours après chez mon pneumologue, je n'y étais allé que trois ou quatre semaines après. Je ne lui avais pas dit que j'avais dépassé le délai, je m'étendis et il me gonfla comme à l'ordinaire. La conséquence fut une embolie. Le médecin et son assistante me mirent la tête en bas et me donnèrent des gifles. Cette méthode pratiquée sur moi sans longue réflexion me sauva la vie. À présent j'avais largement dépassé ma dix-neuvième année, j'avais détruit mon pneumopéritoine et, d'un instant à l'autre, j'en étais de nouveau au point de devoir aller à Grafenhof. Mais je m'y refusai, je n'y retournai plus.

Composé par SEP 2000 à Paris
et achevé d'imprimer
par l'Imprimerie Floch à Mayenne
le 8 décembre 1988.
Dépôt légal : décembre 1988.
1er dépôt légal : janvier 1984.
Numéro d'imprimeur : 27440.
ISBN 2-07-026358-4 / Imprimé en France

45152